Katharina Bralo-Zeitler

Achtsam und frei

Yoga und Meditation für Erzieherinnen

HERDER

FREIBURG · BASEL · WIEN

Gesamtgestaltung: Sabine Ufer Verlagsherstellung, Leipzig
Umschlagillustrationen und Gestaltungselemente im Innenteil: © Tatyana
Mikhailova/123RF
Fotos im Innenteil: © Kathrin Speckart, Marijana Bralo, Katharina Bralo-Zeitler

Herstellung: Graspo CZ, Zlín
Printed in the Czech Republic

ISBN Print 978-3-451-38692-3
ISBN E-Book (PDF) 978-3-451-82555-2
ISBN E-Book (EPUB) 978-3-451-82351-0

Inhalt

Warum Yoga? – Einführung 7

Was ist Yoga? 10

Asanas (Körperhaltungen) 13 • Atmung (Pranayama) 14 •
Meditation 16 • Mudras (Handgesten) 17 • Mantra (Klang) 18

Was Sie beachten sollten 19

Yogaort 19 • Hilfsmittel (Props) 20 • Zeitpunkt 20 •
Ihre Motivation 21

1. Am Morgen – Zeit für mich gestalten 24

Wie man als Yogi / Yogini den Tag beginnt 26

Dynamische Yogapraxis für Ihren Start in den Tag 30

Der Sonnengruß 36

Bhramarin, das Bienensummen 39

Mantra für den Morgen – Das Gayatri-Mantra 41

Exkurs – Aus der Bewegung in die Stille 42

Morgenmeditation 44

Weitere Möglichkeiten, Zeit am Morgen für sich zu gestalten 46

2. Im Moment sein – Achtsam auf dem Weg zur Arbeit 48

Sorgen Sie für Ihre Gedanken! 50

Übung 1: Raus aus den Gedankenschleifen 51

Übung 2: Auf Außenreize verzichten 52

Exkurs – Stress abbauen durch Schreiben 53

Übung 3: Stille bewusst erleben 54

Übung 4: Eine Verbindung zur Umgebung herstellen 55

Exkurs – Konzentration durch Handgesten 56

3. Wertvolle Pausen – Achtsamkeit in der Kita 58

Übung 1: Stressquellen erkennen 61

Exkurs – Was bremst unser Wachstum? Die drei Fs 62

Übung 2: Persönliche Ressourcen finden 64

Übung 3: Im Moment sein, bei sich bleiben (Achtsamkeitsübung) 68

Übung 4: Die Sinne öffnen (Achtsamkeitsübung) 70

Übung 5: Den Schwerpunkt finden und sich erden 73

Übung 6: Gehmeditation 74

4. Am Abend – Wie ich meinen Tag beende 76

Exkurs – Der Atem – ein starker Verbündeter 80

Atembeobachtung (Viloma) 82

Atemmeditation 84

Achtsamkeitsmeditation 86

Balasana (Das Kind) 89

Restorative Yogapraxis 90

Übung 1: Kopf und Seele freischreiben 94

Übung 2: Tagesrückschau 96

5. Auszeit & Rückzug – ein Wohlfühlwochenende 98

Wie bereiten Sie sich vor? 101

Ablaufplan für eineinhalb Wohlfühltage 104

Dynamische, aktivierende Yogasequenz 106

Restorative Yogapraxis 112

Anleitung für Savasana 116

Exkurs – ESC-Taste drücken (Extreme Self Care) 118

Die Metta-Meditation 120

Nadi Shodana (Wechselatmung) 124

Verwendete Literatur 126

Bezugsquellen 127

Warum Yoga? – Einführung

Ich selbst kam zum Yoga in einer Phase meines Lebens, in der es mir nicht gutging. Diese Phase lehrte mich, wie sehr Körper und Seele eine Einheit bilden und wie sehr sie einander bedingen. Die wöchentlichen, später fast täglichen Yogastunden ließen mich zur Ruhe kommen und gaben mir gleichzeitig Energie und Kraft. Mit der Zeit begann ich mich wieder mehr und mehr zu spüren, mich wohl(er) in meinem Körper zu fühlen.

Noch heute bin ich meiner damaligen Yogalehrerin dankbar, die immer wieder dazu ermunterte, *„weniger zu machen, dafür mehr zu spüren. Freude bei der Bewegung zu empfinden. Zu beobachten und anzunehmen, was sich zeigt"*. Das war eine Offenbarung für mich. Es ging nicht um Perfektion, nicht um richtig oder falsch, nicht um Wettbewerb oder Leistung – obwohl man das manchmal vermuten könnte, wenn man sich die Yogahaltungen ansieht, die so mancher Yogi und manche Yogini einnimmt.

Worum es im Yoga geht und wie ich Yoga verstehe und zu leben versuche, drückt folgendes Zitat sehr gut aus:

> *„Yoga beginnt, wenn wir aufhören zu posieren*
> *und beginnen zu sein."*

Natürlich dauerte es Jahre (und es dauert immer noch an), bis ich verstand, was Yoga ist und warum es zu einem so wichtigen Teil meines Lebens geworden ist.

Yoga ist der Weg, der mich mit meinem Körper versöhnt hat. Ich habe gelernt, (wieder) auf meinen Körper zu hören. Ich bemerke, wann mir etwas zu viel ist und wo meine Grenzen sind.

- Yoga hat mich gelehrt, insgesamt liebevoller mit mir umzugehen.
- Yoga hilft mir, mich zu *verbinden* – mit meinem Körper, meinen Gefühlen und Gedanken.
- Yoga kräftigt und entspannt mich – und das gleichzeitig.
- Yoga lässt mich ankommen. Ich bemerke, wo ich stehe, was ich mache, was mir wirklich wichtig ist, worum es geht – sowohl auf der Yogamatte, aber noch viel wichtiger im Leben.

Ich empfinde sehr viel Dankbarkeit für alles, was ich durch Yoga bekommen und dabei (über mich) gelernt habe. An dieser Stelle möchte ich mich ganz herzlich bei all meinen wunderbaren und inspirierenden Lehrern und Lehrerinnen bedanken. Ohne ihr Wissen, ihre Erfahrungen, die sie weitergegeben haben, wäre ich nicht da, wo ich heute bin. Das, was ich durch sie und durch meine persönliche Praxis erfahren habe, möchte ich an Menschen weitergeben – in Yogastunden, Workshops, Retreats und jetzt auch in einem Buch.

Die Idee zu diesem Buch kam, da ich in meinem früheren Beruf auch immer wieder mit Erzieherinnen und Erziehern gearbeitet habe. Ich weiß um die täglichen Anforderungen. Die große Verantwortung den Kindern, den Eltern, dem Team, dem Träger gegenüber. Ich weiß, wie schwer es ist, eine gesunde Balance zwischen dem privaten und beruflichen Leben zu schaffen und die eigenen Bedürfnisse dabei nicht aus den Augen zu verlieren. Hinzu kommen Stressquellen wie Lärm, oft wenig Pausen oder zusätzliche Aufgaben, die nach oder vor der Arbeit erledigt werden.

Dieses Buch soll Sie dabei unterstützen, sich Zeit und Raum für sich und Ihre Bedürfnisse zu nehmen. Entweder für eine dynamisierende Yogapraxis, um wieder zu Energie und Kraft zu kommen, oder für eine Meditation, um Ihre Gedanken zu sortieren.

Sie finden in diesem Buch kurze Yogasequenzen, Meditations- und Achtsamkeitsübungen sowie Tipps für Rituale und Routinen, die Sie leicht in Ihren Alltag integrieren können.

Das letzte Kapitel ist ein Vorschlag für ein Retreat (Retreat heißt übersetzt *Rückzug*), das Sie für sich zu Hause oder an einem schönen Ort durchführen können. In diesem Kapitel finden Sie längere Einheiten und Impulse, wie Sie Ihre Auszeit gestalten können.

Sie haben immer die Möglichkeit, bestimmte Übungen wegzulassen, durch andere zu ersetzen oder neu zu kombinieren. Sie werden merken, dass Sie sehr bald ein Gefühl dafür bekommen, was Ihnen persönlich guttut.

Yoga lebt von der Regelmäßigkeit. Es ist besser, täglich einige Minuten für sich einzuplanen, als einmal in der Woche eine lange Praxis zu machen.

Denken Sie daran, niemand anderer wird Ihnen die Zeit und den Raum dafür geben, das müssen Sie selbst tun.

Dies Buch ist kein Ratgeber, der Ihnen sagt, was Sie tun müssen, um sich besser zu fühlen, gesünder zu leben oder im Sinne der Selbstoptimierung effektiver zu sein. Ich möchte Ihnen vielmehr Impulse geben, bestimmte Dinge anders zu machen als gewohnt, Neues auszuprobieren und zu beobachten, wie es auf Sie, Ihren Körper, Ihren Geist und Ihre Seele wirkt!

In diesem Sinne viel Freude beim Ausprobieren!
Ihre Katharina Bralo-Zeitler

Was ist Yoga?

Yoga kommt aus dem Sanskrit und bedeutet „Vereinigung, Verbindung".
Jedes Mal, wenn wir auf die Yogamatte gehen, dann wollen wir uns mit uns selbst verbinden. Uns spüren, um zu erkennen, wie es uns wirklich geht, was in uns los ist, welche Gedanken uns durch den Kopf gehen, wie wir uns fühlen.
Das mag für Sie vielleicht komisch klingen. Aber überlegen Sie:

> Wann in Ihrem Alltag, in welchen Situationen und Momenten, sind Sie sich bewusst, was Sie tun, was Sie denken, was Sie fühlen?

Vieles in unserem Tun passiert automatisch, aus Gewohnheit, reflexartig oder völlig unbewusst. Wir fahren Auto und denken an das gestrige Gespräch mit unserer Kollegin. Wir essen zu Mittag und planen dabei den Nachmittag, das Wochenende oder schauen auf unser Smartphone.

Auf der Yogamatte lernen Sie, Ihren Körper (wieder) zu spüren. Sie lernen, bewusst und richtig zu atmen, Atmung und Bewegung miteinander zu verbinden. Sie lernen zu beobachten, ohne zu bewerten. Und dabei kommen Sie im Moment an.

Ein Satz, der mich seit meiner Meditationsausbildung begleitet, ist, *dass unser Körper der Ort ist, der uns zur Ruhe bringt.* Unserem Verstand wird es sehr schnell langweilig. Er ist entweder in der Vergangenheit oder plant bereits die Zukunft. Unser Verstand ist immer irgendwo. Unser Körper hingegen ist hier, im Jetzt. Durch unsere Sinne erfahren wir den Moment: wir sehen, hören, tasten, riechen, schmecken.

> *„Der Körper ist so viel mehr.*
> *Er ist das Instrument,*
> *durch das wir das Leben erfahren."*
> Barbra Noh, Yogalehrerin

Ein weiterer Aspekt ist, dass alle Praktiken (ich werde im Laufe dieses Buches einige vorstellen) nach Balance, Ausgleich und Harmonie suchen.

Wie hat man sich das vorzustellen?

Wir alle – ob Frau oder Mann – haben eine weibliche Seite (Tha/Yin) und eine männliche Seite (Ha/Yang) in uns.

Der weibliche Aspekt steht für die Qualitäten: Ruhe, Hingabe, Kühle und Dunkelheit. Der männliche Aspekt hingegen für: Aktivität, Taten, Wärme und Helligkeit. Wir brauchen beides, um in Balance, im Gleichgewicht zu sein. Natürlich wollen wir aktiv sein, unser Leben gestalten, planen und etwas schaffen. Wir sind vital und brennen für die Dinge, die wir tun.

Manche Prozesse in unserem Leben hingegen brauchen Ruhe, Zeit und Geduld, um entstehen, wachsen und gedeihen zu können.

Wenn wir aufgrund von Prägung durch Erziehung oder unsere Umgebung gelernt haben, dass es darum geht, Leistung zu bringen, aktiv zu sein und zu performen, wird unsere weibliche Seite und die Qualitäten, die sie verkörpert – Ruhe, Erholung, Stille, Entspannung –, oft zu kurz kommen. Wenn wir unser Gleichgewicht etwa durch falschen Lebenswandel, ungesunde Gewohnheiten oder Pflichten, die wir gegen unsere Bedürfnisse tun, verlieren, kann uns das auf Dauer schaden.

Yoga bringt uns in Verbindung. Es erfüllt den Körper mit Bewusstsein und erhöht unsere Fähigkeit, zu erkennen, was wir brauchen, wann es genug ist und wie wir leben wollen.

Yoga ist viel mehr als Körperübungen

Yoga beinhaltet Asanas (Körperhaltungen), Pranayama (Atemübungen) und natürlich Meditation. In den klassischen Yogatexten steht, dass die Asanas zu einem einzigen Zweck ausgeführt wurden, nämlich um ohne körperlichen Schmerz für längere Zeit in Meditation zu sitzen. Der körperliche Aspekt des Yoga ist ein ziemlich modernes Phänomen. Eigentlich ging es ausschließlich darum, unseren aktiven, unruhigen Geist durch unterschiedliche Praktiken zu bändigen.

Ich persönlich praktiziere Asanas, Pranayama und Meditation, und ich finde alle drei Komponenten gleichermaßen wichtig. Oft ist es allerdings so, dass wir zunächst über den Körper, dann über den Atem zu einer Meditationspraxis finden.

> *„So besiegt Asana unsere unbewusste Körperhaltung, Pranayama (...) besiegen die ständige Zerstreuung unserer Energie und die Meditation besiegt unseren unsortierten Geistes- und Gemütszustand."*
> **Ralph Skuban: Pranayama. Die heilsame Kraft des Atems**

Asanas (Körperhaltungen)

Asanas sind die Körperhaltungen im Yoga.

Asanas beziehen allerdings, indem sie Bewegung, Bewusstsein und Atmung in Einklang bringen, sowohl die Gesamtheit der körperlichen Dimension (Muskeln, Gelenke, Verdauungssystem und Hormonsystem) als auch die psychische Dimension mit ein.

Man unterscheidet verschiedene Asana-Familien: etwa Stehasanas, Vor- und Rückbeugen, Umkehrhaltungen, Drehungen.

Wie Sie sich denken können, haben diese unterschiedliche Effekte auf Körper und Geist. So gibt es etwa Asanas, die uns aktivieren und sehr lebendig fühlen lassen. Andere hingegen entspannen uns und beruhigen das Nervensystem. Es ist deshalb nicht unwichtig zu wissen, wann ich welche Asanas praktiziere und wie ich einzelne Familien miteinander kombiniere.

Adho Mukha Svanasana
(Herabschauender Hund)

Parivrtta Parsvakonasana
(Gedrehte seitliche
Winkelhaltung)

Balasana
(Haltung des Kindes)

Atmung (Pranayama)

Die bewusste Steuerung der Atmung stellt das vielleicht mächtigste Instrument Ihrer Yogapraxis dar. Der Atmung kommt im Yoga eine Schlüsselfunktion zu. Beim Üben ist es essentiell wichtig, dass Sie sich auf Ihre Atmung konzentrieren.

Im Yoga atmen wir normalerweise durch die Nase ein und aus. Ihr Atem zeigt Ihnen immer, ob Sie zu viel machen, sich dabei zu sehr anstrengen. Sobald Sie nicht mehr durch die Nase atmen können oder Sie Ihren Atem anhalten, sollten Sie eine Pause einlegen, bis Sie wieder ruhig und gleichmäßig durch die Nase ein- und ausatmen.

> *„Yoga ist ein Weg der Reinigung – physisch, energetisch, emotional und mental. Pranayama ist das wichtigste Mittel hierzu: Das Verfeinern und Verlängern der Atmung im Pranayama stellt immer wieder Momente der tiefen Stille her und kann uns inneren Frieden erfahren lassen.“*
> **Ralph Skuban: Pranayama. Die heilsame Kraft des Atems**

Der Atem ist die Brücke zwischen Körper und Geist. Das Besondere an unserem Atem ist, dass er unbewusst über das vegetative Nervensystem und gleichzeitig willentlich gesteuert und auch kontrolliert werden kann.

Somit haben wir die Möglichkeit, über das bewusste Atmen unseren Körper und Geist positiv zu beeinflussen.

- Ein Weg ist, dass Sie die Ein- und Ausatmung verlängern.
Atmen Sie auf drei ein und atmen Sie auf drei aus. Atmen Sie nach einiger Zeit auf vier ein und auf vier aus.

- Sie können den Atemrhythmus verändern, zum Beispiel atmen Sie länger aus als ein.
Probieren Sie, auf drei einzuatmen und auf sechs aus. Steigern Sie dann auf vier einzuatmen und auf acht auszuatmen.

- Und schließlich können Sie Atempausen setzen.
Atmen Sie auf vier ein, halten Sie, wenn Sie ganz eingeatmet haben, bis Sie bis acht gezählt haben, und atmen Sie auf vier aus.

Dies können Sie mit verschiedenen Atemtechniken variieren. Ich werde Ihnen in diesem Buch noch weitere vorstellen.

„Pranayama ist eine leise Praxis,
die sich nur ganz allmählich entfaltet –
sie braucht Zeit."
Ralph Skuban: Pranayama. Die heilsame Kraft des Atems

Meditation

Es gibt viele Meditationstechniken. Sie können mit offenen Augen gegen eine Wand schauen oder den Blick auf eine Kerze richten. Sie können sich hinlegen, sich setzen oder dabei gehen. Manche Menschen sprechen während der Meditation ein Mantra, einen Psalm oder konzentrieren sich auf das Ein- und Ausatmen.

All das hat mit Meditation zu tun, denn es fokussiert unseren Geist auf ein Objekt, und dadurch bringen wir unseren Geist (Verstand) zur Ruhe.

Bei der Meditation ist es wie mit Yoga – es muss selbst erfahren und erlebt werden, um den positiven Effekt zu spüren. Worte können schwer fassen, was dabei mit uns passiert.

> *„Meditation, so heißt es,*
> *öffnet die Türen zum Selbst.“*

Asanas, Pranayama und Meditation werden in vielen Yogarichtungen miteinander kombiniert. Zudem gibt es noch weitere Praktiken, die Körper und Geist gesund halten – dazu zählen etwa Mudras und Mantras.

Mudras (Handgesten)

Bekannte Mudras sind die Anjali Mudra oder die Chin Mudra. Diese werden entweder zu Beginn oder am Ende einer Yogapraxis eingenommen.

Mudras gehören eher zur feinstofflichen Praxis, das heißt, sie beeinflussen und regulieren unseren Energiefluss. Indem Sie mit Ihren Fingern eine Mudra einnehmen, bringen Sie entweder die Energie zum Fließen oder Sie halten die Energie im Körper. Ich werde Ihnen einige Mudras vorstellen, die Sie in Ihre Praxis einbauen können.

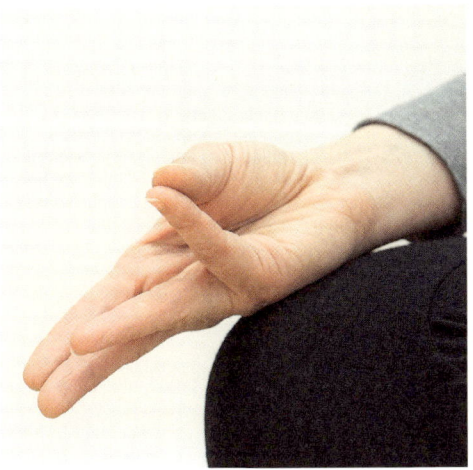

Varuna Mudra

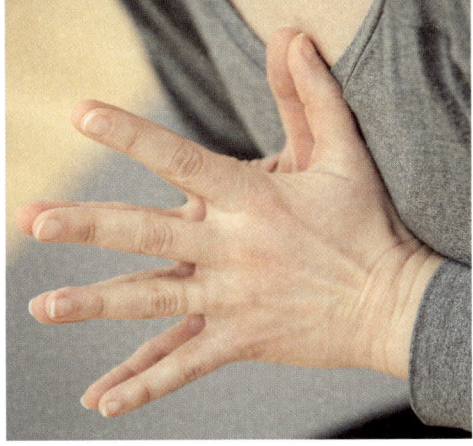

Anjali Mudra

Mantra (Klang)

OM ist das berühmteste Bija-Mantra, ein einsilbiges Mantra. Mantras sind heilige Silben und Wortfolgen, die entweder gesprochen, geflüstert, gesungen oder in Gedanken rezitiert werden und seit Jahrtausenden dem Gebet und der Meditation dienen. Mantras (Klänge) bringen den Körper zum Vibrieren. Sie wirken beruhigend und stabilisierend auf unseren Geist. Sie müssen Mantras nicht selbst chanten (singen), es reicht, einem Mantra zu lauschen.

Im Yoga (wie in der buddhistischen Praxis) haben die Mantras die Funktion, den Geist zu fokussieren, das Herz zu öffnen und die innere Balance zu fördern.

Ein Mantra ist somit ein Werkzeug für den Geist. Klang – vor allem wenn wir das Mantra ständig wiederholen – wirkt beruhigend auf unseren Geist und hilft, den ständig laufenden inneren Monolog abzustellen oder zumindest leiser werden zu lassen.

Die Wirkung von Mantras wurde in den letzten Jahren wissenschaftlich erforscht. Dabei stellten Hirnforscher fest, dass sich beim Tönen von Mantras die Aktivität im Gehirn beruhigt. Der Rhythmus und die Wiederholung der Mantras bewirken, dass die üblichen unruhigen und unregelmäßigen Gehirnwellenmuster gleichmäßiger werden und nicht mehr so stark ausschlagen. Wenn wir (ab 15 Minuten) Mantras tönen oder singen, dann schwingt sich das Gehirn auf den Rhythmus und den Klang ein und produziert ganz ähnliche Aktivitätsmuster wie im „Flow", also dann, wenn wir ganz begeistert bei einer Sache sind und uns vollkommen im Einklang mit uns selbst erleben (vgl. Lisa Freund und Anna Trökes: Die magische Kraft der Mantras).

Was Sie beachten sollten

Yogaort

Es braucht einen Platz, der Sie einlädt, zur Ruhe zu kommen. Natürlich ist es schön, wenn Sie dafür einen Raum haben, aber es reicht auch, sich eine Ecke in einem Zimmer „einzurichten". Finden Sie einen Ort, an dem Sie sich wohlfühlen und an dem es genügend Platz für Ihre ausgerollte Yogamatte gibt. In den Sommermonaten können Sie natürlich auch draußen in der Natur praktizieren.

Mein Ort ist eine Ecke in meinem Wohnzimmer, die ich für mich gestaltet habe. In dieser Ecke gibt es immer frische Blumen, eine Kerze, Räucherstäbchen (ich weiß, Räucherstäbchen sind nicht für jedermann/jedefrau), ein Kartenset (dazu erkläre ich später mehr), mein Notizbuch und eine für mich sehr bedeutungsvolle Buddhafigur sowie mein Meditationskissen und meine Yogamatte, die ich nach meiner Praxis wieder einrolle.

Bevor Sie anfangen, lassen Sie noch einmal frische Luft herein, um so die beste Voraussetzung für eine reinigende und nährende Praxis zu schaffen.

Hilfsmittel (Props)

Sie benötigen eine rutschfeste Yogamatte, zwei Blöcke (ich persönlich bevorzuge Korkblöcke) und eine Decke, auf die Sie sich setzen oder mit der sie sich in Savasana (Endentspannung) zudecken können; einen Gurt für Dehnungen und gegebenenfalls ein Bolster. Dieses eignet sich besonders für restorative Yogasequenzen (siehe Kap. 4, S. 76 ff.) sehr gut. Sie finden im Anhang eine Liste mit Bezugsquellen (siehe S. 127).

Sie können mit Musik praktizieren. Musik kann berühren, inspirieren und auch motivieren. Hierzu finden Sie am Ende des Buches eine Playlist, die ich in meinen Yogaklassen oder auf meinen Yoga-Retreats gerne spiele (siehe S. 127).

Ab und an würde ich Ihnen jedoch empfehlen, in Stille zu praktizieren. Das hat noch einmal eine ganz andere Qualität.

Zeitpunkt

Eine dynamische, kraftvolle Sequenz eignet sich eher am Morgen, mittags oder am Nachmittag. Die ruhigen Sequenzen sind als Ausklang für den Tag gedacht. Egal zu welchem Zeitpunkt Sie praktizieren, planen Sie immer Zeit (3–10 Minuten, je nachdem, wie lange Sie praktizieren) für Savasana (die Endentspannung) ein.

Achten Sie darauf, dass Sie mindestens zwei Stunden vor der Praxis nichts essen.

Yoga lebt von Regelmäßigkeit. Sie müssen nicht täglich 60 Minuten üben, auch zehn Minuten reichen. Schrauben Sie lieber Ihre Ansprüche herunter und üben Sie dafür regelmäßig(er).

Sich jeden Tag zu einer bestimmten Uhrzeit Zeit für sich selbst zu nehmen, tut dem Körper und der Seele gut. Schon wenige Minuten am Tag reichen.

Sadhana bedeutet „Disziplin", diese besteht aus einer Reihe von Übungen, die jeden Tag zur selben Zeit über einen gewissen Zeitraum, eine Woche, einen Monat, drei Monate durchgeführt werden.

Sie erinnern sich, was ich zu Beginn gesagt habe? Yoga bringt uns in Verbindung mit uns selbst und zeigt uns unseren Weg auf. Aber es ist auch ein Weg der Disziplin, der Durchhaltevermögen fordert.

Ihre Motivation

Deshalb ist das Herz Ihrer Praxis Hingabe und Verbindlichkeit. Das bedeutet, dass Sie sich selbst ein Versprechen geben und auch dazu stehen. Planen Sie jeden Tag ein paar Minuten für Ihre Zeit mit sich selbst ein.

Stellen Sie sich zu Beginn die Fragen:

- *Warum möchte ich eine (Yoga-)Praxis entwickeln?*
- *Was ist der wahre Grund?*
- *Was möchte ich damit erreichen?*
- *Was soll dadurch anders werden, sich verändern?*
- *Was ist mir wichtig?*

Sich diese Fragen zu stellen hilft, sich immer wieder auf die Matte zu begeben, auch wenn es manchmal schwer ist, Sie keine Lust, keine Zeit oder keine Kraft haben. Zu wissen, warum Sie damit angefangen haben und was Ihnen Ihre „Sadhana" gibt, kann Sie unterstützen, wenn sich die Prioritäten wieder zu verschieben beginnen!

Hinweis. Bitte achten Sie auf Ihren Körper und Ihre Grenzen und gehen Sie nur so weit, wie es sich gut und richtig anfühlt. Beim Yoga geht es nicht darum, schwierigste Asanas zu beherrschen, sondern um die Erfahrungen, die Sie auf diesem Weg machen.

Die Einheiten und Übungen dienen der Prävention und Gesunderhaltung und stellen keine medizinischen Ratschläge im Sinne einer ärztlichen Tätigkeit oder einer psychotherapeutischen Behandlung dar. Das Buch ersetzt keine medizinische(n) Diagnose(n), (psychotherapeutische) Beratung und Behandlung durch einen Arzt.

Zu empfehlen ist, die Yoga-Asanas von einem erfahrenen Yogalehrer/einer Yogalehrerin zu erlernen, dies ist als Vorsichtsmaßnahme gedacht, um zu verhindern, dass Sie sich schlechte oder ungenaue Ausführungen angewöhnen.

WANN WERDE ICH MIR FÜR MEINE (YOGA) PRAXIS ZEIT NEHMEN?

_____

_____

_____

AN WELCHEM ORT WERDE ICH PRAKTIZIEREN?

_____

_____

_____

WAS WÜNSCHE ICH MIR? (Was ist meine Motivation? Was soll dadurch anders, besser werden?)

_____

_____

_____

ICH VERSPRECHE MIR,

_____ , **DASS ICH**

_____

1. Am Morgen – Zeit für mich gestalten

Adho Mukha Svanasana – Der herabschauende Hund

Was ist zu beachten

Beginnen Sie in der Kindposition (Balasana, siehe S. 89). Die Arme sind gestreckt. Ihre Hände sind weit aufgefächert, sodass Raum zwischen Ihren Fingern ist. Die Mittelfinger zeigen nach vorne. Stellen Sie die Zehen auf und heben Sie langsam die Knie, schieben Sie den Po weit nach hinten und oben Richtung Decke. Schieben Sie das Gewicht von den Händen in Ihre Füße und lassen Sie die Fersen Richtung Erde sinken.
Sie können jederzeit die Knie beugen.
Ihr Kopf schwebt zwischen Ihren Oberarmen.
Der Bauch zieht in Richtung Oberschenkel und Sie ziehen den Bauchnabel sanft Richtung Wirbelsäule, so schützen Sie Ihren unteren Rücken.

Gut zu wissen

Der herabschauende Hund (Adho Mukha Svanasana) ermöglicht das Dehnen und das Öffnen der Vorder- und Rückseite des Körpers und kräftigt die Arme und die Schultern. Während der Yogasequenz kann sich der Hund als Ruhehaltung eignen, die Zeit für Selbstreflexion und zum Durchatmen gibt.
Wirkung: Bringt die Energie zum Fließen. Aktiviert. Macht munter.

Immer wieder hört man, wie wichtig und wie wohltuend und gesund eine persönliche Morgenroutine sei. Den Tag in Ruhe, ohne Hektik zu beginnen. Rituale zu haben, die stärken, nähren und den Verlauf des Tages nachhaltig beeinflussen. Morgenrituale geben Struktur, Halt und Orientierung. Sie machen Ihre Zeit am Morgen zu etwas Besonderem.

Aus eigener Erfahrung kann ich bestätigen, dass der Morgen eine gute Möglichkeit ist, Zeit mit sich selbst zu verbringen. Um uns herum ist es noch ruhig und der Geist ist noch wenig(er) belastet. Allerdings kostet es etwas Überwindung, früher aufzustehen und sich die Zeit für eine morgendliche Praxis einzurichten. Es lohnt sich jedoch, denn Sie werden nach einigen Wochen einen Unterschied feststellen.

Wie man als Yogi / Yogini den Tag beginnt

Rituale geben Struktur, Halt und Orientierung. Sie unterstützen beim Setzen von Prioritäten, begleiten Handlungen und machen sie zu etwas Besonderem, z. B. Ihre Zeit am Morgen.

Ich stelle Ihnen verschiedene Rituale vor, die Sie dabei unterstützen, sich immer wieder **bewusste Momente** in Ihren Tagesablauf einzubauen.

> **Wie möchten Sie in den Tag starten?**
> Nehmen Sie sich einen Moment Zeit und überlegen Sie sich, wie sähe für Sie ein idealer Start in den Tag aus? Was ist Ihnen dabei persönlich wichtig?

Mein idealer Start in den Tag.

∞ 5.45 Uhr Wecker

∞ lüften

∞ im Bad: Öl ziehen*, Zähne putzen und waschen

∞ Glas heißes Wasser (mit einem Spritzer Zitrone) trinken

∞ 6.00 Uhr Beginn mit der Yoga- und Meditationspraxis**
  (10–25 Min.)

∞ 6.30 Uhr Getreidebrei bereiten***

∞ in Ruhe frühstücken

∞ fertig anziehen

∞ 7.00 Uhr: Der Tag kann kommen!

*Reinigungsrituale am Morgen

Meine erste Handlung nach dem Aufstehen ist, ins Bad zu gehen und Öl zu ziehen. Dazu nehme ich Öl (Sesam-, Oliven-, Kokosöl oder mittlerweile gibt es auch dafür Öle in Drogeriemärkten) in den Mund und lasse es einige Minuten kräftig im Mund zirkulieren. Durch das Ziehen beseitigen Sie (Öl bindet) tote Bakterien und Ablagerungen, die sich über Nacht im Mund angesammelt haben.

Danach schabe ich meine Zunge. Die Idee hinter dem Zungenschaben ist, Mikroorganismen effektiv zu entfernen und Ihre Organe zu stimulieren. Nach dem Ölziehen und dem Zungenschaben putze ich meine Zähne. Dann wasche ich mein Gesicht mit kaltem Wasser, massiere dabei Stirn, Augenpartie und die Schläfen. Und schließlich spüle ich mir meine Nase mit Salzwasser. Hierzu nehme ich eine Nasendusche, die Sie in jedem Drogeriemarkt bekommen.

Ich liebe diese morgendliche Körperpflege. Danach bin ich wach. Meine Sinne sind offen und ich gehe frisch (im wörtlichen Sinne) auf meine Yogamatte. Mag sein, dass Ihnen manches davon sehr fremd und seltsam vorkommt. Wenn Sie etwas anspricht, probieren Sie es aus. Wenn nicht, überspringen Sie diesen Teil oder integrieren Sie Ihre morgendliche Körperpflege in Ihr Morgenritual!

**Yogapraxis am Morgen

Für mich hat sich herausgestellt, dass der Morgen die Zeit für meine Yogapraxis ist. Mein Körper ist zwar noch steif und nicht so beweglich, dafür sind meine Gedanken noch „leise". Sie müssen ausprobieren, welche Tageszeit für Sie besser passt. Allerdings sollten Sie Ihre Praxis der Tageszeit anpassen.

Wenn Sie am Abend zum Beispiel dynamisch-kraftvolle Sequenzen üben, weil Sie das Gefühl haben, Sie müssen sich bewegen und schwitzen, kann es sein, dass Sie danach hellwach und voller Energie sind. Umgekehrt sollten Sie am Morgen nicht unbedingt mit einer regenerativen Sequenz starten, sondern den Kreislauf in Schwung bringen.

***Yogis & Yoginis frühstücken warm

Yoga gibt keine festen Ernährungsregeln vor. Es orientiert sich aber an dem altindischen Heilwissen Ayurveda (Das Wissen vom Leben). Ayurveda berücksichtigt die Konstitution, das Alter, Erkrankungen, Lebensstil, das Klima, die Jahreszeit und die Tageszeit. Aus ayurvedischer Sicht ist es gut, warm zu frühstücken – einen Brei aus Hafer- oder Reisflocken, der mit Pflanzenmilch und Gewürzen wie Zimt, Vanille, Kardamom und Nelken verfeinert werden kann. Sie können noch Trockenfrüchte oder gedünstetes Obst dazu essen.

Rezept für einen warmen Haferbrei

Eine Tasse Hafer mit 2/3 Wasser und 1/3 Pflanzenmilch und ein paar Rosinen kochen. Wenn der Brei etwas abgekühlt ist, mit Honig oder Ahornsirup süßen, geröstete Cashewkerne als Topping darüberstreuen.

Trinken Sie nach dem Aufstehen ein heißes Glas Wasser mit Zitrone, um Ihren Stoffwechsel anzukurbeln.

Dynamische Yogapraxis für Ihren Start in den Tag

Dauer: ca. 10–15 Minuten

Was Sie brauchen: Yogamatte, Blöcke und eine Decke

EA = Einatmung   AA = Ausatmung

Mit einfachen Yoga-Strich-Figuren ist hier die Abfolge der Asanas festgehalten. Eine ausführliche Anleitung, die Ihnen Hinweise gibt, worauf Sie beim Üben achten sollten, finden Sie auf den Seiten 32–35. Lesen Sie zunächst die Anleitung durch, um sich mit der Sequenz vertraut zu machen.

3–4: 5–10 Mal

EA/AA

1. Ankommen
5–10 Atemzüge

AA/EA

2. Vierfüßlerstand:
Hände sind unter den
Schultern, Knie und
Becken in einer Linie

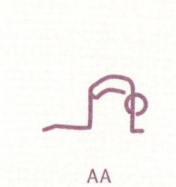

AA

3. Katze, Blick zum
Bauchnabel

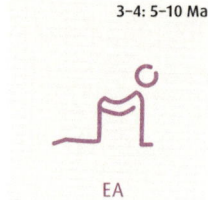

EA

4. Kuh, Blick heben

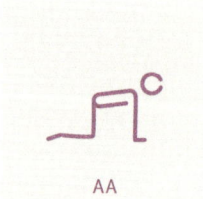

AA

5. Vierfüßlerstand

EA

6. rechtes Bein heben,
nach hinten strecken

6–7: linke Seite wiederholen;
5–10 Mal

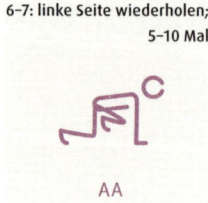

AA

7. Knie ranziehen

EA/AA

8. Kindposition
2–3 tiefe Atemzüge

10–11: 3–5 Mal im Wechsel

EA/AA

9. herabschauender Hund
3–5 tiefe Atemzüge

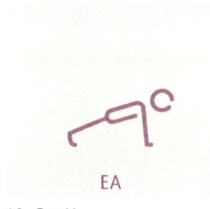

EA

10. Brett

AA

11. herabschauender
Hund

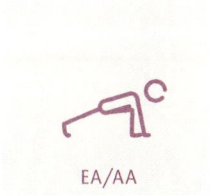

EA/AA

12. Hände zur Erde setzen,
hinteres Bein strecken

EA/AA plus EA

13. Anjaneyasana
(Halbmond)
3 tiefe Atemzüge

**12–13: linke Seite
wiederholen**

AA

14. herabschauender
Hund

EA

15. Fuß nach vorn,
aufstellen

AA/EA

16. Knie senken,
Anjaneyasana
(Halbmond)

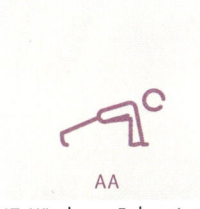

AA

17. Hände zur Erde setzen,
hinteres Bein strecken

EA/AA plus EA

18. Oberkörper
aufrichten, Alanasana,
3 tiefe Atemzüge

**15–18: auf der linken Seite
wiederholen**

AA

19. herabschauender
Hund

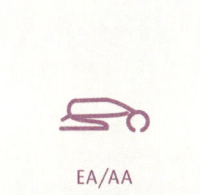

EA/AA

20. Balasana, Schultern
dürfen loslassen
5–10 Atemzüge

EA/AA

21. Augen schließen,
Wechselatmung (Nadi
Shodana), 2–3 Min.

EA/AA

22. Savasana
3–5 Min.

Anleitung:

Kommen Sie zum Sitzen, entweder auf einer Decke oder einem Block.

Die Knie sollten unter den Hüften sein, sodass Ihre Hüften auch wirklich entspannen können. Wenn das nicht geht, kommen Sie gerne in den Fersensitz.

Richten Sie mit der EA Ihre Wirbelsäule auf und nehmen Sie einige bewusste Atemzüge. **1**

> • Was spüren Sie?
>
> • Wie fühlt sich Ihr Körper heute Morgen an?
>
> • Wie beginnen Sie Ihre Yogapraxis?

Öffnen Sie die Augen und kommen Sie in den Vierfüßlerstand. **2**

Hände und Schultern sind in einer Linie, und Ihre Knie sind unter Ihren Hüften. Pressen Sie Ihre Hände fest in Ihre Matte.

Mit der AA runden Sie Ihren Oberkörper, strecken Sie die Schulterblätter Richtung Decke und ziehen Sie Ihren Bauchnabel sanft Richtung Wirbelsäule. **3**

Mit der EA lassen Sie den Bauch locker und öffnen Sie die Vorderseite, Ihr Blick richtet sich Richtung Decke. **4**

Erhöhen Sie langsam das Tempo und lassen Sie den Atem die Bewegung führen. AA rund werden, EA öffnen.

Insgesamt 5- bis 10-mal

Kommen Sie wieder in den Vierfüßler **5** und strecken Sie mit der nächsten EA Ihr rechtes Bein auf Hüfthöhe nach hinten. Ihre Zehen zeigen Richtung Erde. Versuchen Sie Ihr Becken zu stabilisieren und drehen Sie Ihre rechte Hüfte nicht aus. **6**

Auch hier ziehen Sie den Bauchnabel wieder leicht Richtung Wirbelsäule.

Wenn Sie hier stabil sind und weitergehen möchten, verlängern Sie den linken Arm auf Höhe Ihres Ohrs nach vorne, Handfläche zeigt nach innen, und atmen Sie einige tiefe, ruhige Atemzüge. Hier kultivieren Sie Kraft und gleichzeitig Balance.

Beginnen Sie wieder rund zu werden, Knie, Ellbogen und Nasenspitze treffen sich bei der AA **7** , wenn die EA beginnt strecken Sie sich wieder in die Länge. **6**

Auch hier 5 bis 10 Wiederholungen

Wechseln Sie dann die Seite.

Kommen Sie anschließend in Balasana (Kindposition). **8**

Nehmen Sie zwei, drei Atemzüge.

Stellen Sie dann Ihre Zehen auf, drücken Sie Ihre Hände, Daumen, Zeigefingerballen und den Ballen der kleinen Finger fest in die Yogamatte, heben Sie Ihre Knie und schieben Sie Ihr Gesäß weit nach hinten oben.

Laufen Sie den Abstand nicht kleiner, sondern beugen Sie lieber etwas die Knie.

Bringen Sie das Gewicht von den Händen in die Füße. Ihre Wirbelsäule ist lang.

Sie stehen in Adho Mukha Svanasana (Herabschauender Hund). **9**

Beginnen Sie sich zu bewegen, die Fersen abwechselnd in die Erde zu schieben.

Den Kopf von Seite zu Seite drehen, lassen Sie Ihren Nacken ganz entspannt.

Bleiben Sie für 3 bis 5 Atemzüge.

Mit der EA kommen Sie in die schiefe Ebene (Brett) **10** . Achten Sie darauf, dass Ihre Körpermitte stabil ist, Sie nicht in Ihren unteren Rücken sinken. Sie sind stabil und gerade wie ein Brett.

Ziehen Sie sich mit der AA wieder zurück in den herabschauenden Hund. **11**

Mit der nächsten EA kommen Sie wieder ins Brett. **10**

3- bis 5-mal

Bringen Sie mit der EA Ihr rechtes Bein nach vorne zwischen die Hände. Wichtig, dass Ihr Knie und Fußgelenk in einer Linie sind.

Strecken Sie Ihr hinteres Bein und verlängern Sie gleichzeitig Ihren Oberkörper nach vorne, lassen Sie dabei Ihren Kopf nicht hängen. **12**

Setzen Sie dann Ihr linkes Knie auf und richten Sie sich mit der EA auf, Sie können Ihre Hände entweder am rechten Oberschenkel auflegen, oder Sie heben die Arme nach oben (Anjaneyasana). **13**

Atmen Sie tief in den Brustkorb ein und aus.

Bringen Sie dann mit der AA die Hände wieder links und rechts neben Ihren rechten Fuß und schieben Sie sich zurück in den herabschauenden Hund. **14**

Wechseln Sie zur zweiten Seite.

Sie können diese Asanaabfolge noch einmal auf jeder Seite wiederholen.

Bringen Sie noch einmal den rechten Fuß nach vorne, zwischen Ihre Hände, **15** legen Sie Ihr linkes Knie ab, EA heben Sie die Arme, **16** AA Hände absetzen, strecken Sie Ihr hinteres Bein **17** und heben Sie dann langsam den Oberkörper, wenn Sie wollen, heben Sie die Arme. **18**

Ihr Blick ist weich, Ihre Beine schaffen Stabilität, auch Ihre stabile Körpermitte hilft Ihnen, in dieser Asana (Alanasana) zu stehen; **18** AA Hände aufsetzen zurück in den herabschauenden Hund. **19**

Wechseln Sie zur linken Seite.

Auch diese Abfolge können Sie noch einmal auf jeder Seite wiederholen.

Kommen Sie dann in die Kindposition (Balasana) und nehmen Sie wieder Ihre Atmung wahr. **20**

Lassen Sie die Atmung ruhiger werden.

Kommen Sie zum Sitzen. **21**

> Wenn Sie noch Zeit haben, können Sie noch für drei bis fünf Minuten **Bhramarin, das Bienensummen** praktizieren (siehe S. 39).

Wenn Sie Ihre morgendliche Yogapraxis beenden wollen, kommen Sie drei bis fünf Minuten in Savasana (Endendspannung, siehe S.116). **22** Oder Sie bringen die Hände in Anjali Mudra (siehe S.17) vor Ihrer Brust.

Schließen Sie die Augen.
Spüren Sie noch einmal nach innen und nehmen Sie wahr, wie Sie Ihre Yogapraxis beenden.
Namaste

Der Sonnengruß

Der Sonnengruß besteht traditionell aus 12 Asanas (Körperhaltungen). Es gibt die Ansicht, dass diese Sequenz mindestens 2500 Jahre alt ist und aus dem vedischen Zeitalter stammt, wo sie als Ritual in der Morgendämmerung ausgeführt wurde, indem man Mantras gesungen hat und Blumen und Reis dem Meer oder dem Feuer geopfert hat.

Sie können den Sonnengruß nutzen, um eine Intention für Ihre Yogapraxis aufzubauen. Der Sonnengruß ist wie ein Gebet in Bewegung, wenn Sie so wollen, in welchem wir uns vor der Sonne, der Schöpfung, der Erde und allen Lebewesen verneigen.

Wir verbeugen uns im Sonnengruß vor allem vor der Weisheit in uns selbst, unserem reinen, göttlichen Wesenskern.

Jede Haltung (Asana) wird mit der nächsten durch eine Ein- oder Ausatmung verbunden. Dies gibt der Praxis einen meditativ nach innen gerichteten Charakter.

Ganz nebenbei stimuliert der Sonnengruß alle inneren Organe, macht die Wirbelsäule und alle Gelenke geschmeidig und bringt die gesamte Energie im Körper zum Fließen. Der Sonnengruß beginnt und endet traditionell mit Anjali Mudra (Hände im Gebet vor dem Herzen).

> Mit einfachen Yoga-Strich-Figuren ist rechts die Abfolge der Asanas für den Sonnengruß festgehalten. Eine ausführliche Anleitung, die Ihnen Hinweise gibt, worauf Sie beim Üben achten sollten, finden Sie auf der Seite 38. Lesen Sie zunächst die Anleitung durch, um sich mit der Sequenz vertraut zu machen.

EA/AA

1. Tadasana
Hände in Anjali Mudra

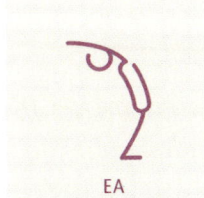

EA

2. leichte Rückbeuge,
Arme über die Seite
heben

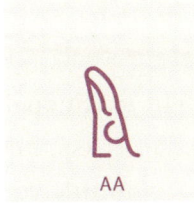

AA

3. Uttanasana
(Vorwärtsbeuge),
Knie leicht beugen

EA

4. rechter Fuß nach
hinten

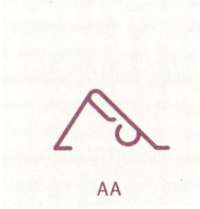

AA

5. herabschauender
Hund

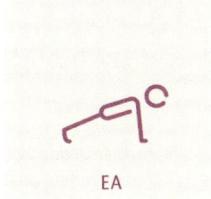

EA

6. Brett

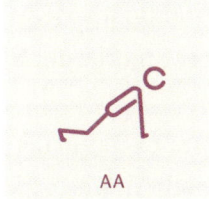

AA

7. Knie aufsetzen und
langsam zur Erde ablegen

EA

8. Kobra, Fußrücken fest
in die Erde schieben

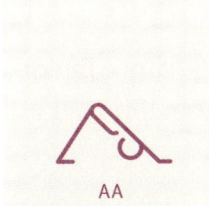

AA

9. herabschauender
Hund

EA

10. rechter Fuß nach
vorne zwischen die
Hände

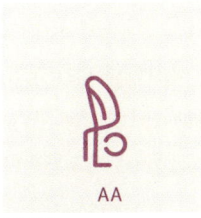

AA

11. Uttanasana
(Vorwärtsbeuge)

EA

12. Knie leicht beugen,
Arme über die Seite
nehmen und Rückbeuge

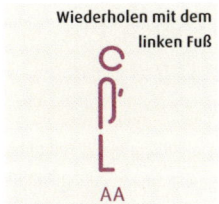

Wiederholen mit dem
linken Fuß

AA

13. Tadasana
Hände in Anjali Mudra

Der Sonnengruß kann 2–5 Mal
wiederholt werden.

Anleitung:

Kommen Sie an den Anfang Ihrer Matte.

Bringen Sie die Hände in Anjali Mudra. Nehmen Sie wahr, wie Sie stehen.

Beginnen Sie bewusste, tiefe Atemzüge zu nehmen. **1**

EA heben Sie Ihre Arme über die Seite. **2**

AA kommen Sie langsam mit gestreckter Wirbelsäule in die Vorwärtsbeuge, Knie dürfen leicht gebeugt sein. **3**

EA machen Sie mit rechts einen großen Schritt zurück **4** , AA drücken Sie sich in den herabschauenden Hund. **5**

EA kommen Sie in die schiefe Ebene **6** , setzen Sie die Knie auf der Matte auf und legen Sie sich langsam ganz ab. **7**

Drücken Sie die Fußrücken fest in die Matte, EA kommen Sie in die Kobra, Ihre Ellbogen ziehen Sie leicht zueinander. **8**

AA Stirn wieder ablegen, nächste AA drücken Sie sich über die Knie zurück in den herabschauenden Hund. **9**

EA rechter Fuß nach vorne **10** , AA links dazu. Sie landen wieder in der Vorwärtsbeuge. **11**

EA Arme über die Seite nehmen und nach oben zum Stehen kommen **12** , Hände vor das Herz in Anjali Mudra. **13**

Sie können den Sonnengruß 2- bis 5-mal wiederholen.

Oder Sie machen eine Runde rechts/links als Aktivierung vor der dynamischen Yogapraxis (siehe S. 30).

Bhramarin, das Bienensummen

Bhramarin ist eine Atemübung (Pranayama), die aktiviert und die Stimmung hebt: Beim Ausatmen summt man wie eine Biene. Durch dieses Summen entsteht in allen Resonanzräumen des Körpers – vor allem im Kopf, im Nacken und im Brustraum – eine starke Vibration. Sie führt dazu, dass alle Gewebe besser durchblutet werden, sodass viele Menschen im Anschluss eine angenehme Wärme und ein leichtes Kribbeln in diesen Körperzonen spüren.

Wirkung: Vor allem beruhigt Bhramarin den Geist und kann ihn – so sagen die alten Yogatexte – mit Heiterkeit erfüllen.

In der hier beschriebenen Version von Bhramarin werden die Öffnungen des Kopfes, insbesondere aber die Ohren, mehr oder weniger verschlossen. Dadurch wird das Summen vor allem im inneren Ohr (dem knöchernen Ohr) hörbar, und die ganze Aufmerksamkeit wird nach innen gelenkt.

Anleitung:

Kommen Sie in einen bequemen und aufrechten Sitz Ihrer Wahl oder legen Sie sich auf die Erde, gerne auch auf ein Bolster.

Verschließen Sie mit den Daumen die Ohren, legen Sie die Zeigefinger sanft über die Augen, die Mittelfingerkuppen seitlich an die Nasenflügel, die Ringfinger auf die Oberlippe und die kleinen Finger auf die Unterlippe. Diese Handhaltung (= Mudra) wird „Das Verschließen der sieben Pforten" oder auch „Shanmukhi Mudra" genannt.

Lauschen Sie dem Geräusch Ihres Atems.

Fahren Sie fort, ruhig und tief zu atmen, aber summen Sie wie eine Biene während des Ausatmens. Wenn nach dem Ein- oder Ausatmen Pausen entstehen, lassen Sie sie zu.

Beenden Sie die Übung, wenn Sie merken, dass die Arme ermüden. Legen Sie dann die Hände zurück auf die Knie oder in den Schoß, und spüren Sie in Ihrem Inneren noch eine Weile mit geschlossenen Augen nach.

Verbinden Sie sich mit den Empfindungen, die dieses „Bienensummen" in Ihnen hinterlassen hat.

Mantra für den Morgen – Das Gayatri-Mantra

Das Gayatri-Mantra ist neben OM das bekannteste Mantra der indischen Tradition. Es wird wahrscheinlich bereits seit 3500 Jahren immer zum Sonnenauf- und -untergang gesungen.

Das Gayatri Mantra chanten viele am Morgen oder in Verbindung mit dem Sonnengruß.

OM BHUR BHUVAH SVAHA –

TAT SAVITUR VARENYAM –

BHARGO DEVASYA DHIMAHI DHIYO –

YONAH PRACHODAYT

Gayatri wird häufig symbolisiert durch Savitri, den vedischen Gott der Sonne. Er ist es, der uns jeden Tag aufs Neue erfahren lässt, dass sich am Ende einer langen, dunklen Nacht das Licht wieder erhebt und das Dunkel vertreibt.

Damit erinnert er uns daran, dass auch unser inneres Licht, das sich von Zeit zu Zeit verdunkelt und kaum noch wahrnehmbar ist, immer anwesend ist und immer wieder neu in uns erweckt werden kann.

Wirkung: Das Mantra spendet Hoffnung, Zuversicht und gibt Trost in dunklen, schweren Zeiten (vgl. Lisa Freund und Anna Tröckes: Die Mantra Box).

Sie können entweder das Mantra selbst vor oder auch nach dem Sonnengruß (siehe S. 36) chanten (singen) oder dem Mantra lauschen. Im Anhang finden Sie auf der Seite 127 eine Version des Gayatri Mantras, die ich sehr gerne höre.

Exkurs – Aus der Bewegung in die Stille

Wie wird unser Geist still? Indem wir achtsam werden und wahrnehmen, beobachten, was gerade ist. Indem wir annehmen, ohne etwas verändern zu wollen. Indem wir beobachten, ohne zu bewerten oder zu kommentieren.

Wie sitzen Sie in der Meditation?

Sie können in den Schneidersitz kommen, so wie auf dem Foto abgebildet. Gerne auf eine Decke oder einen Block setzen. Optimalerweise sind die Knie unter den Hüften, sodass die Hüften loslassen können.

Spüren Sie Ihre Sitzbeine und verlängern Sie mit der nächsten Einatmung Ihre Wirbelsäule Richtung Decke.

Schaffen Sie Abstand zwischen den Hüftknochen und Achselhöhlen, ohne dass Sie die Schultern mit nach oben ziehen.

Ihre Schultern wie Ihre Gesichtszüge dürfen entspannen.

> Sie können sich auch gegen eine Wand anlehnen oder sich auf einen Stuhl setzen. Wichtig ist, dass Sie für einige Minuten in Ruhe mit aufrechter Wirbelsäule sitzen können, ohne dass Sie mit Schmerzen kämpfen.

Schließen Sie Ihre Augen und beginnen Sie, sich auf die Ein- und Ausatmung zu konzentrieren, ohne dass Sie Ihre Atmung verändern.

Atmen Sie ein und atmen Sie aus.

Beginnen Sie einige tiefe Atemzüge in Ihren Bauch zu atmen. Füllen Sie Ihren ganzen Bauchraum und atmen Sie lange aus (gerne auch über den Mund).

Wandern Sie mit der Aufmerksamkeit durch den Körper und schicken Sie Ihren Atem in die Körperbereiche, um sie bewusst zu machen und zu spüren.

Wenn Sie in Gedanken sind, was immer wieder passieren wird, weil es unserem Verstand sehr schnell langweilig wird, und Ihnen wird dies bewusst, dann kehren Sie immer und immer wieder mit der Aufmerksamkeit zu Ihrer Atmung und in Ihren Körper zurück.

„Unser Körper ist der Ort, an dem wir zur Ruhe kommen.“

Morgenmeditation

Es geht in der Meditation darum, dass wir beobachten, ohne etwas verändern zu wollen, ohne zu bewerten. Sie werden Zeuge Ihrer Gedanken, Ihrer Gefühle, die auftauchen.

Anleitung:

Beginnen Sie die Atmung in Ihre Füße zu schicken, spüren Sie die Füße, die Zehen, die Knöchel, die Waden, Schienbeine und Oberschenkel und spüren Sie, wie es sich anfühlt, wenn sie in Ihre Füße, Beine atmen. **Für ca. 2 Minuten mit der Aufmerksamkeit bleiben.**

Kommen Sie dann mit der Aufmerksamkeit in Ihr Gesicht. Spüren Sie Ihre Augen, die Wangen, die Nase, den Kiefer, die Zunge, die Schläfen, den Hinterkopf, den ganzen Kopfbereich und beobachten Sie, wie es sich anfühlt, in diesen Bereich zu atmen **(ca. 2 Minuten bleiben).**

Dann spüren Sie die Rückseite des Oberkörpers, Ihren Nacken, die Schultern, Schulterblätter, die Wirbelsäule, das Becken und beobachten Sie, wie es ist, in diese Bereiche bewusst zu atmen **(ca. 2 Minuten bleiben).**

Atmen Sie in Ihre Arme, Hände und Finger, und auch hier spüren Sie das Gefühl. Wie fühlt es sich an, was können Sie beobachten, während Sie in Ihre Arme, Hände und Finger atmen **(ca. 2 Minuten bleiben).**

Und schließlich kommen Sie in Ihren Brustbereich und atmen Sie ganz bewusst in diesen Körperbereich. Spüren Sie, wie Sie mit der Einatmung Weite und Raum schaffen (ca. 2 Minuten).

Abschließend versuchen Sie Ihren ganzen Körper so gut es geht zu spüren (ca. 2 Minuten).

Öffnen Sie langsam die Augen und fühlen Sie, was sich verändert hat.

„Nur in einem unverkrampften Körper
vermag die Energie frei zu zirkulieren."

Weitere Möglichkeiten, Zeit am Morgen für sich zu gestalten

Sie erinnern sich, dass ich Ihnen oben „meinen" Ort beschrieben habe und erwähnte, dass dort auch ein Kartenset liegt (siehe S. 19). Wie versprochen hier nun die Erläuterung dazu.

Ich nutze diese sehr schön gestalteten Karten entweder für die Meditation oder als Impuls zum Schreiben in mein Notizbuch.

Was ich an diesem speziellen Kartenset mag, ist, dass jede Karte sehr ansprechend gestaltet ist. Auf jeder Karte steht ein Wort und darunter eine Affirmation, deren Bedeutung sich nicht immer gleich erschließt.

In der Meditation wiederhole ich entweder das Wort und/oder die Affirmation einige Male und beobachte, was an Gedanken, an Gefühlen dazu entsteht.

Oder ich schreibe in mein Notizbuch, wie ich die Affirmation verstehe, was mir dazu aus meiner Erfahrung einfällt oder wie es derzeit in meinem Leben sichtbar oder spürbar ist.

Die gezogene Karte stelle ich an meinem Ort auf. So fällt mein Blick im Laufe des Tages immer wieder darauf. Oft ist es erstaunlich, wie es zu dem passt, was passiert, was ich erlebe, was in mir ist. Sie können natürlich jede Art von Karten nutzen.

Sie können auch sogenannte Journaling Karten verwenden. Journaling Karten laden Sie auf eine Schreibreise zu sich selbst ein. Sie ziehen eine Karte, lesen die Frage und schreiben Ihre spontanen Gedanken dazu nieder (Mehr dazu im Kapitel 2, S. 53; Bezugsquellen siehe S. 127).

Wie möchte ich mich heute fühlen?

(Diese Seite ist für Ihre Gedanken)

_____

_____

_____

_____

_____

_____

_____

_____

_____

_____

_____

2. Im Moment sein – Achtsam auf dem Weg zur Arbeit

Auch der Weg zur Arbeit kann Momente enthalten, in denen Sie zur Ruhe kommen. In denen Sie sich fokussieren und Sie ganz bewusst den Moment erfahren.

Beobachten Sie sich die nächsten Tage auf dem Weg zur Arbeit. Notieren Sie Ihre Beobachtungen in Ihr Notizbuch.

- Worüber denken Sie auf Ihrem Weg zur Arbeit nach?

- Welche Körpergefühle können Sie wahrnehmen?

- Welche Gefühle begleiten Sie?

- Wem/was schenken Sie Ihre Aufmerksamkeit?

Oft sind wir nicht wirklich präsent, sondern irgendwo bei der Planung des Tages, oder wir lenken uns ab, indem wir Nachrichten beantworten, in den sozialen Medien unterwegs sind. Selten ist uns bewusst, welche inneren Monologe uns ständig begleiten: Wie wir über andere, aber oft auch über uns sprechen; wie wir uns be- und nicht selten verurteilen und in welchen Gedankenschleifen wir sprichwörtlich festhängen.

Sorgen Sie für Ihre Gedanken!

Sie tragen mehr Verantwortung für Ihre Gedanken, als Sie glauben. Gedanken gestalten unser Leben. Deshalb ist ein erster Schritt, dass wir uns bewusst werden, was wir denken, welchen inneren Monolog wir ständig führen, wohin unsere Aufmerksamkeit geht.

Gesundes Denken bedeutet natürlich nicht, dass Sie niemals düstere Gedanken haben. Es heißt nur, dass Sie sich dessen bewusst werden und schneller entscheiden können: Möchte ich diesen Gedanken verfolgen und nützt es mir in dieser Situation?

Jeder Gedanke und insbesondere unsere wiederkehrenden Gedanken manifestieren sich in unserem Leben. Wenn wir beispielsweise in einer Gedankenschleife festhängen, die sagt: „Ich bin nicht gut genug", werden wir finden, dass die Außenwelt diesen Gedanken bestätigt.

„Wir werden zu den Geschichten,
die wir uns selbst erzählen."

Deshalb ist es entscheidend, dass Sie als Erzähler oder Erzählerin Ihre Erfahrungen mit Gedanken gestalten, die Sie heilen, nähren und motivieren.

Die nachfolgenden Übungen schulen die Aufmerksamkeit und können sehr gut auf dem Weg zur Arbeit gemacht werden.

Übung 1: Raus aus den Gedankenschleifen

Beobachten Sie auf dem Weg zur Arbeit, was Sie alles bewerten – im Sinne von, was finden Sie gut, was finden Sie nicht gut, was zieht Sie an, was stößt Sie eher ab?

Dabei wird Ihnen auffallen, dass Sie eigentlich so gut wie immer bewerten: Menschen, Situationen, Dinge. Ständig kommentiert Ihr Verstand. Entweder lehnen Sie ab, was Sie sehen, beobachten, oder Sie finden es gut und wollen es haben.

- Wie oft bewerte ich andere Menschen (deren Aussehen, deren Verhalten, deren Gespräche)?

- Was davon zieht mich an? Was stößt mich ab?

- Was finde ich gut? Was nicht?

- Wie bewerte ich mich (mein Aussehen, mein Verhalten, mein Tun, meine Leistung(en))?

- Beobachten Sie auch, welche Worte Sie wählen. Wie Sie mit sich selbst sprechen.

In dieser Übung geht es darum, sich bewusst zu werden, was unser Verstand ständig macht: bewerten, kommentieren, beurteilen, analysieren. Das ist seine Funktion, und unser Verstand kann nicht anders, und es ist auch sehr gut, dass er das kann.

Nur wenn Ihnen nicht auffällt, mit welchen Gedanken Sie sich ständig beschäftigen, in welchen Gedankenschleifen Sie festhängen, dann bestimmen diese Gedanken Ihre Wirklichkeit. Und Gedanken sind zunächst „nur" Gedanken und noch keine Realität.

> Wenn Sie sich bewusst sind, was Sie denken, können Sie entscheiden, ob Sie diese Gedanken weiterdenken möchten oder sich lieber mit etwas anderem beschäftigen wollen – zum Beispiel Ihrem Atem, Ihrem Körper oder schönen, motivierenden, belebenden Gedanken.

Übung 2: Auf Außenreize verzichten

Wir alle neigen dazu, uns ständig abzulenken oder abgelenkt zu werden – durch Reize und Informationen, die ständig auf uns einprasseln.

Versuchen Sie, auf dem Weg zur Arbeit nicht zusätzliche Reize zu schaffen, indem Sie telefonieren oder auf Instagram, Facebook die Posts Ihrer Freunde, Freundinnen und Bekannten verfolgen.

Verzichten Sie bewusst darauf, Ihr Mobiltelefon auf dem Weg zur Arbeit zu nutzen. Schreiben Sie stattdessen in Ihr Tagebuch.

Visualisieren Sie Ihren Tag oder machen Sie eine Atemmeditation (siehe S. 84) Vorausgesetzt natürlich, Sie fahren mit öffentlichen Verkehrsmitteln zur Arbeit.

Exkurs – Stress abbauen durch Schreiben

Indem Sie aufschreiben, was Sie fühlen und was Sie beschäftigt, können Sie Spannungen abbauen. Diese Methode („Journaling") kommt aus den USA und wird dort schon lange in der Psychologie zum Stressabbau eingesetzt. Es gibt verschiedene Formen:

- Freewriting oder expressives Schreiben: für 10 bis 20 Minuten einfach alle Gedanken aufschreiben, die gerade in Ihrem Kopf sind.
- Zu einer Impulsfrage alle Gedanken aufschreiben (10 bis 20 Minuten), beispielsweise:
  - ∞ Wie möchte ich mich heute fühlen?
  - ∞ Wann fühle ich mich in Balance?
  - ∞ Wann bin ich aufmerksam?
- Eine weitere interessante Art ist, Briefe zu schreiben – an Körperteile oder Organe. Das klingt sehr seltsam, aber versuchen Sie es einmal. Es ist wirklich erstaunlich, was passiert: Schreiben Sie Ihrem Herzen sieben Minuten lang einen Brief. Was möchten Sie Ihrem Herzen sagen? Was soll es wissen? Wofür möchten Sie ihm danken? Wofür wollen Sie sich vielleicht entschuldigen?
  Anschließend schreiben Sie – aus der Sicht Ihres Herzens – einen Brief an sich selbst.
  Sie werden erstaunt sein, was Sie dabei erfahren.

Übung 3: Stille bewusst erleben

Wenn Sie mit dem Auto zu Ihrer Arbeitsstelle fahren, wagen Sie das Experiment, ohne Radio, Musik oder Telefongespräche – in Stille – zu fahren. Beobachten Sie, wie das für Sie ist, ohne „Beschallung", ohne zu sprechen oder jemandem zuhören zu müssen, unterwegs zu sein.

> Seien Sie präsent, ganz aufmerksam, und beobachten Sie, wohin Ihr Verstand ständig wandert.
> - Was beschäftigt Sie?
> - Welche Gefühle sind da?
> - Mit welcher Haltung, welcher Einstellung fahren Sie zur Arbeit?
> - Wie beginnen Sie Ihren Tag?
> - Was nehmen Sie sich heute für diesen Tag vor?
> - Wie möchten Sie sich heute fühlen?

Staus können uns und unseren Gleichmut auf eine harte Probe stellen. Aber Sie können an dieser Situation nichts ändern, außer Ihre Einstellung zu dem, was Ihnen im Außen passiert. Sie können in den Widerstand gehen, sich maßlos aufregen, schimpfen, nervös werden, oder Sie atmen drei-, viermal tief durch, nehmen eine Mudra ein oder wandern mit der Aufmerksamkeit durch Ihren Körper.

Wenn Sie die Stille nicht ertragen, hören Sie Mantren. Vielleicht singen Sie sogar mit, wenn Sie den Text kennen. Sie finden am Ende des Buches auf der Seite 127 einige Hinweise zu Mantren.

Übung 4: Eine Verbindung zur Umgebung herstellen

Wenn Sie die Möglichkeit haben, an einer Lieblingsstelle kurz anzuhalten, an einem Baum, an einem Fluss, See oder in einem Waldstück, dann tun Sie das.

Fühlen Sie die Verbindung zu Ihrer Umgebung.

Schließen Sie die Augen und lauschen Sie:

- Was hören Sie?

- Was riechen Sie?

- Wenn Sie Ihre Augen öffnen, was sehen Sie?

- Was zieht Sie an?

- Was empfinden Sie als schön?

Nehmen Sie drei bis fünf tiefe Atemzüge. Mit jedem Atemzug tanken Sie sich mit dieser Energie auf.

Exkurs – Konzentration durch Handgesten

Mudra bedeutet frei übersetzt „das, was Freude bringt" – und passt doch sehr gut zu der oben (siehe S. 54) geschilderten Situation im Stau.

Mudras wirken sehr stark auf der energetischen und mentalen Ebene, wenn man sich dabei auf das eigentliche Thema der Übung ausrichtet.

Finger-Mudras werden bereits in den ältesten historischen Ritualtexten des Hinduismus erwähnt. Dort heißt es, dass ihre Ausübung starke Auswirkungen auf unseren Gemütszustand hat.

Mudras helfen uns, ruhig zu werden, uns zu konzentrieren.

Mudras können Sie „unbemerkt" im Zug, der S-Bahn, im Bus oder im Stau machen. Schließen Sie die Augen und beobachten Sie dabei Ihre Atmung.

Sie können auch mit der Aufmerksamkeit durch Ihren Körper wandern (siehe S. 86).

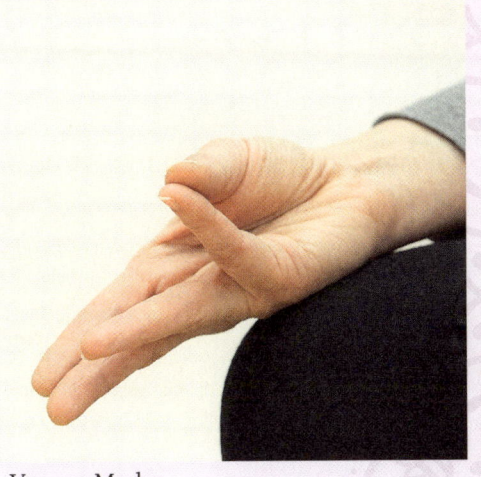
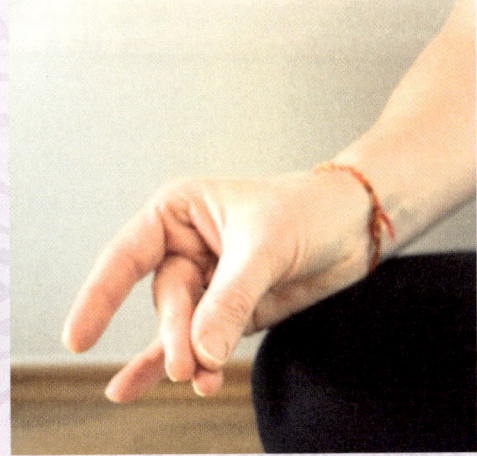

Varuna Mudra

Apan Mudra

Varuna Mudra

Um die Mudra auszuführen, berühren sich die Spitzen der kleinen Finger und der Daumen.

Wirkung: Die Haltung verbessert Gefühl und Intuition und stärkt das Selbstvertrauen.

Apan Mudra

Um diese Mudra auszuführen, werden die Fingerspitzen des Daumens mit den Fingerspitzen des Mittel- und Ringfingers zusammengeführt. Der Zeigefinger und der kleine Finger bleiben dabei gestreckt.

Wirkung: Geduld, Gelassenheit, Zuversicht und innere Harmonie sind die bekannten positiven Begleiterscheinungen dieser Mudra-Übung.

Diese Mudra sollte immer mit beiden Händen ausgeführt werden; zwischen 5 und 45 Minuten pro Tag oder dreimal 15 Minuten täglich.

3. Wertvolle Pausen – Achtsamkeit in der Kita

Virabhadrasana II (Der Krieger)

Was ist zu beachten:

Kommen Sie an den vorderen Mattenrand und setzen Sie den linken Fuß weit nach hinten. Der hintere Fuß ist parallel zum hinteren Mattenrand. Ihre Fersen sollten möglichst in einer Linie sein. Drehen Sie ihre Hüften nach links in Richtung des hinteren Beins. Ihr rechtes Knie ist direkt über dem rechten Fußgelenk, und Ihr Knie ziehen Sie leicht Richtung rechter kleiner Zeh nach außen.

Heben Sie die Arme mit der Einatmung gestreckt bis auf Schulterhöhe an, sodass Sie parallel zum Boden sind. Ziehen Sie die Schulterblätter hinten zusammen, um die Brust zu öffnen. Blicken Sie über den Handrücken der rechten Hand nach vorne.

Gut zu wissen

Der Krieger II ist eine Stehhaltung. Diese Asana kräftigt die Fußgelenke und Beine. Sie gehört zu den hüftöffnenden Asanas.

Wirkung: Zentriert und fokussiert.

Bisher haben Sie (Yoga-) Übungen und Methoden kennengelernt und ausprobiert, die Sie für sich ausüben und in Ihren Tagesablauf integrieren können. Hierbei sind Sie es, die sich die Zeit und den Raum dafür nehmen und die Rahmenbedingungen dafür schaffen. Das fordert Organisation und Disziplin. Schwieriger wird es, bei sich zu bleiben, wenn wir mit anderen Menschen zu tun haben, wenn wir Verantwortung für andere übernehmen, schnell entscheiden und reagieren müssen, wenn wir stressige Situationen zu meistern haben. Denn das Verhalten anderer ist nicht immer vorhersehbar, weder ihre Reaktionen noch ihr Handeln.

Sie haben bestimmt schon gehört, dass Sie in den meisten Fällen nicht erwarten dürfen, dass die anderen (ob Kollegen oder Kolleginnen, die Leitung, die Eltern oder manche Kinder) ihr Verhalten so ändern, dass es Ihnen gutgeht.

> Sie sind es, die an Situationen, die Sie belasten, die Sie stressen etwas verändern können: Indem Sie Ihre Einstellung oder Haltung dazu verändern, oder indem Sie versuchen, den Menschen, der Sie enttäuscht, verletzt oder geärgert hat, zu verstehen und ihr/ihm gegenüber eine andere Perspektive einnehmen.

Deshalb habe ich für dieses Kapitel den KRIEGER II ausgewählt. (Es gibt insgesamt drei Krieger und noch einige Variationen.) Der Krieger ist einerseits fokussiert und klar ausgerichtet. Er weiß, was seine Werte sind. Andererseits greift er nicht an, sondern steht für das ein, was ihm/ihr wichtig ist, ohne seine Gegner zu verletzen, zu blamieren oder herabzuwürdigen. Und das ist seine/ihre große Stärke!

Jede Verspannung, ob körperlich oder seelisch,
ist Verschwendung von Energie!
Rod Stryker, Yogalehrer

Übung 1: Stressquellen erkennen

Schreiben Sie in Ihr Tagebuch, Ihr Notizheft oder auf ein Blatt Papier zu den Fragen unten Ihre Antworten auf.

Diese Übung können Sie auch in einer Teamsitzung mit allen Kollegen und Kolleginnen durchführen. So erkennen Sie, welche „Stressquellen" es für jede Einzelne/jeden Einzelnen im Team gibt. Generieren Sie anschließend gemeinsam Lösungen, wie Sie als Team zukünftig damit umgehen wollen.

∞ **Was stresst Sie?**
- Stellen Sie sich eine Situation in Ihrem Berufsalltag vor, die Sie belastet. Sie können die Augen schließen und sich in diese Situation hineinbegeben.
- Wie fühlt sich Ihr Körper an?
- Wo im Körper fühlen Sie Stress?
- Was fühlen Sie in dieser Situation? (Wut, Ärger, Traurigkeit, Überforderung, Ohnmacht, Angst ...)
- Was denken Sie? Was befeuern Sie mit Ihren Gedanken?
- Welcher innere Monolog läuft ab?
- Wie reagieren Sie?

∞ **Was sind Ihre Strategien, damit umzugehen?**
- Was tun Sie in dieser Situation?
- Wie gehen Sie mit sich um?
- Wie reagieren Sie? (ungeduldig, nervös, hastig, genervt, laut, unsicher? Ist es Ihnen peinlich? Fühlen Sie sich schuldig?)

∞ **Was könnten Sie in dieser Situation anders machen?**
- Was könnte eine neue Ressource für diese Situation sein? Was würde Ihnen mehr dienen?

Exkurs – Was bremst unser Wachstum?
Die drei Fs

Es gibt die sogenannten drei Fs, die uns daran hindern, zu wachsen.

Das sind die **Feigheit**: Ich traue mich nicht! Das kann ich nicht! Das darf ich doch nicht machen!

Die **Faulheit** als zweite Bremse zieht, wenn ich mir folgende Sätze immer wieder sage: Ich wüsste zwar, ABER ...! Ich müsste, ABER ...! Ich würde schon, ABER die anderen ...!

Und als dritte Bremse steht die **Fixiertheit**: So muss es sein und nicht anders! Es muss perfekt sein, sonst ...! Nur ich kann das richtig machen!

Wenn Sie sich Ihre Antworten auf die Fragen (siehe S. 61) noch einmal durchlesen, finden Sie dann eines der Fs, das Sie daran hindert, in dieser Stresssituation zu wachsen oder etwas an dieser Situation zu verändern?

Sie kennen nun Ihre persönlichen Stressfaktoren.

Jetzt stellen Sie sich noch einmal Ihre konkrete Situation vor.

Was könnte in dieser konkreten Situation eine persönliche Kraftquelle (Ressource) für Sie sein oder ein Weg, mit der Situation anders umzugehen?

Da wir in der Regel die äußeren Rahmenbedingungen oder Kollegen/Kolleginnen und deren Arbeitsweise, die Ansprüche und Reaktionen mancher Eltern oder das Verhalten der Kinder nicht ändern können, liegt es an uns, damit umzugehen.

> *„Je mehr wir uns beschützen,*
> *desto weniger werden wir gesehen.*
> *Je mehr wir von uns zeigen,*
> *desto mehr berühren wir andere."*
> Cleo Wade

Wie könnten Sie sich in dieser Situation, die in Ihnen Stress auslöst, verhalten und/oder anders damit umgehen?

Übung 2: Persönliche Ressourcen finden

Eine Bilderreise kann Sie darin unterstützen, Ihre persönlichen Kraftquellen (Ressourcen) zu finden. Ressourcen können Bilder von Orten in der Natur, bestimmte Gefühle, Symbole oder auch Tiere sein.

Ziel ist, dass Sie sich in stressigen oder schwierigen Situationen innerlich mit diesen oder einer der Kraftquellen verbinden, um sich zu spüren und ganz bei sich zu bleiben.

Es bedarf der Übung, bis es funktioniert. Voraussetzung ist, dass Sie sich bewusst werden, dass Sie sich in dieser Situation befinden, sodass Sie Ihr gewohntes Reaktionsmuster rechtzeitig unterbrechen.

> Sprechen Sie den Text auf Ihr Mobiltelefon oder lassen Sie ihn von einer Person sprechen, deren Stimme Sie als angenehm empfinden. Unter www.katharinabralo.com finden Sie eine Audio-Datei.

Anleitung:

Legen Sie sich auf Ihre Matte, decken Sie sich zu, schließen Sie die Augen und beginnen Sie ruhig ein- und auszuatmen.

Fühle den physischen Körper. Wenn wir eine innere Reise machen und innere Bilder visualisieren, gebe ich dir Bilder vor, aber es entstehen immer auch eigene Bilder.

Diese Reise beginnt auf einer Wiese in der Natur.

Das Wetter ist schön. Es hat die Wärme, die du am meisten magst.

Du bist barfuß, und du läufst auf der Wiese und spürst die Füße auf dem Gras, spürst, wie sich jeder Schritt anfühlt, lass dir Zeit in der Wahrnehmung.

Schaue dich um. Wo bist du? Was siehst du?

Nimm wahr, wie es sich anfühlt, an diesem Ort zu sein. Nimm die Gerüche wahr. Was kannst du wirklich riechen (Blumen, Kräuter, angenehmen Geruch von frischem Gras)? Was spürst du?

Achte auf die Geräusche, den Wind, die Vögel, das Rascheln, und dann laufe auf dieser Wiese herum. Öffne alle deine Sinne. Du bist allein, fühlst dich aber geborgen, von der dich umgebenden Natur unterstützt.

Du fühlst dich selbst, wenn du auf der Wiese umhergehst.

Dann siehst du plötzlich vor dir einen wunderschönen großen See und du läufst zu diesem See hin. Der See hat klares Wasser, eine ganz besondere Farbe, und das Wasser hat eine besondere Anziehungskraft. Du ziehst dich aus.

Spüre, wie du dich ohne Kleider in der Natur fühlst. Wie der Wind deine Haut streichelt. Du siehst in der Nähe, dass es ein Sprungbrett gibt, vom dem aus du in das Wasser hineinhüpfen kannst. Du fängst auf diesem Sprungbrett an zu hüpfen, und wenn du bereit bist, kannst du in dieses wunderschöne kristallklare Wasser springen.

Das Wasser ist sehr tief, es gibt viel Weite … Tauche tief ein in dieses Wasser. Spüre das Wasser auf deiner Haut, das frische, klare Wasser um dich herum. Es spült alles Schwere aus deinem Kopf …

Spüre deinen Körper im Wasser, spüre die Freiheit, wie fühlt es sich an … Mache dir die klare, reinigende Kraft des Wassers fühlbar …

Am Ufer siehst du einen kleinen Wasserfall. Du setzt dich unter diesen Wasserfall. Das Wasser hat eine angenehme Kraft. Spüre, wie es sich anfühlt, wenn das Wasser über dich fließt, lass dich durchspülen.

Du läufst nass auf die Wiese, so wie du bist, und beginnst auf dieser Wiese herumzuspringen, Handstände zu machen, Rad zu schlagen.

Wenn du wütend bist, du etwas loswerden möchtest, dann tue das, schreie, tobe, gib allem körperlich Ausdruck. Du bist alleine, kannst dich entsprechend aufführen.

Wenn du dich ausgetobt hast, legst du dich auf die Wiese. Spüre die Erde,

schau in den Himmel, spüre die Wärme der Erde, die Wärme der Sonne, wie sie deine Haut trocknet, spüre dein So-Sein – körperlich, seelisch, geistig!

Spüre, wie die Erde dich hält ... du dich immer tiefer hineinsinken lässt, nichts mehr festhalten musst.

Du kannst langsam aufstehen.

Dann siehst du ein, zwei oder einige Tiere kommen, die dich auf der nächsten kleinen Reise begleiten: Welches Tier, welche Tiere kommen?

Spüre die Energie, die Kraft und die Fähigkeit dieses Tieres / dieser Tiere und nehme diese positive Unterstützung auf.

In dieser Gemeinschaft läufst du noch ein Stück weiter.

Vor dir öffnet sich dann der Raum deiner geistigen Heimat ... Schau, wie sieht der Platz aus, an dem du dich ganz zu Hause fühlst? Ist das das Meer, die Berge, ist es ein weiter Raum, ein begrenzter Raum?

Du kannst dich ausprobieren, wo du dich geborgen und wohlfühlst, lass es entstehen, strenge dich nicht zu sehr an ...

Was für eine Atmosphäre ist in deiner geistigen Heimat, in deinem Zuhause?

Spüre auch, welches Tier, welche Tiere, welche Begleiter dabei sind.

Vielleicht kommt noch eine weitere unterstützende Kraft hinzu. Das kann auch ein Mensch sein, jemand, der bereits gestorben ist ... Spüre die seelische, körperliche, geistige Atmosphäre derer, die dich begleiten, dich unterstützen.

Wenn du Fragen hast, dann kannst du Fragen stellen an diesem Ort.

Die Antwort kann in Form von Sprache, von Bildern oder Gefühlen kommen. Sieh die Antwort, spüre die Antwort ... probiere es.

Spüre das Verbundensein an diesem Ort, spüre diese unterstützende Energie und Kraft. Alles darf sein, alles hat Raum. Spüre die Kraft des Seins.

Wenn du noch jemanden umarmen möchtest, dann tu das, wissend, dass du an diesen Ort immer zurückkommen kannst. An diesen Ort, der dich nährt und trägt, der deine Kraftquelle, dein Kraftort ist!

Bedank dich bei diesem Ort.

Dann atme tief ein und aus und öffne langsam die Augen.

Wie können Sie gut für sich sorgen?

(Meine persönlichen Kraftquellen, Ressourcen)

_____

_____

_____

_____

_____

_____

_____

_____

_____

_____

Übung 3: Im Moment sein, bei sich bleiben (Achtsamkeitsübung)

Unser Sehsinn ist ein sehr dominanter Sinn. Wenn wir die Augen öffnen, fallen wir „nach draußen", aus uns heraus und verlieren oft den Kontakt zu uns, unserem Körpergefühl. Bei sich zu bleiben und sich zu spüren, gelingt leichter, wenn wir unsere Augen geschlossen halten. Deshalb versuchen Sie, Ihre Augen während dieser Achtsamkeitsübung, die den Tastsinn anspricht, geschlossen zu halten.

Diese Achtsamkeitsübung können Sie für sich allein erleben, aber auch mit Kindern lässt sie sich, an manchen Stellen adaptiert, umsetzen.

Anleitung:

Kommen Sie zum Sitzen.

Schließen Sie sanft die Augen.

Richten Sie den Oberkörper auf und lassen Sie Ihre Sitzknochen mit der nächsten Ausatmung in die Erde oder auf Ihre Unterlage sinken.

Nehmen Sie einige ruhige, tiefe Atemzüge.

Beginnen Sie, Ihren rechten Fuß zu berühren. Erst mal nur zu streicheln – ganz sanft. Dann können Sie beginnen, den Fuß zu massieren, zu kneten und Ihren rechten Fuß mit geschlossenen Augen zu erkunden.

- Wie ist das?
- Was nehmen Sie dabei wahr?
- Was macht das mit Ihrem Körper?
- Mit Ihnen?

Wechseln Sie dann zu Ihrem linken Fuß und beginnen Sie, ihn zu streicheln, zu massieren, zu kneten.

Wandern Sie dann mit den Händen zu Ihrem Gesicht und berühren Sie Ihr Gesicht; erst mit den Fingerkuppen, ganz sanft, beginnen Sie Ihr Gesicht mit beiden Händen zu streicheln.

- Was spüren Sie?
- Wie fühlt sich das an?
- Was ist dabei anders, als Ihre Hände die Füße berührt haben?

Dann beginnen Sie, über den Hals, Ihren Nacken, Ihre Arme, den Bauch und den unteren Rücken zu streicheln, erst sanft, dann mit etwas mehr Druck. Beobachten Sie, was es mit Ihnen macht.

- Wie fühlt es sich an?
- Was verändert sich im Körper?

Sitzen Sie anschließend für eine bis drei Minuten in Stille, nachdem Sie Ihren Körper berührt, massiert und sich bewusst auf den Tastsinn eingelassen haben.

Öffnen Sie dann langsam die Augen.

Wenn wir uns unseren Sinnen zuwenden, müssen wir die Position eines Beobachters/einer Beobachterin einnehmen, sonst übertönt unser Verstand das, was wir wahrnehmen oder aufnehmen, weil er blitzschnell reagiert, interpretiert, urteilt und in die Vergangenheit oder Zukunft springt.

Sich auf einen Sinn einzulassen, erfordert, dass Sie im Moment sind. So können Sie bewusst entscheiden, was Sie sich von außen überhaupt zuführen möchten und was Sie in sich hineinlassen.

Sich immer wieder bewusst auf die Sinne oder speziell *einen* Sinn zu konzentrieren, hilft Ihnen, in Stresssituationen bei sich zu bleiben und zu beobachten, was mit Ihnen passiert.

Übung 4: Die Sinne öffnen (Achtsamkeitsübung)

Mit unseren Sinnen nehmen wir unsere Welt wahr. Wir nehmen Geräusche, Lärm, die Temperatur, Gerüche, Geschmack etc. über unsere Sinne wahr. Unsere Sinne sind Kanäle nach innen und gleichzeitig der Kontakt zur Welt. Sich bewusst auf einen Sinn einzulassen, kann neue Perspektiven öffnen.

Was nehmen Sie im Moment alles auf?

- Welche Geräusche nehmen Sie um sich herum wahr? Im Raum? Von draußen?

- Was riechen Sie?

- Wie fühlt sich die Kleidung auf Ihrer Haut an?

- Wie spüren Sie Ihre Füße auf der Erde?

- Was empfinden Sie als angenehm/unangenehm?

- Worauf lenken Sie Ihre Aufmerksamkeit?

- Über welche Kanäle nehmen Sie auf? Führen Sie sich von außen etwas zu?

„Dieser Körper ist dein Haus. Wenn du dir die Zeit nimmst,
durch dein Haus zu gehen, die Regale abzustauben, dich von
Dingen zu trennen, die du nicht länger nutzt oder brauchst,
die Böden zu wischen, die Fenster zu öffnen, um frische
Luft reinzulassen, dann ist in deinem Zuhause eine andere
Atmosphäre.
Genauso ist deine Yogapraxis ein Akt der Selbstliebe.
So wie du dein Zuhause putzt, um dich wohlzufühlen,
so öffnest du mit der Yogapraxis deine Sinne. Lässt dich
durchspülen, fühlst Qualitäten wie Raum, Weite, Frische,
Energie, Reinheit ... in dir."

Eine Meditationsform, die Sie auch während der Arbeit oder auf dem Weg zur Arbeit umsetzen können, ist die Gehmeditation. Sie funktioniert im Grunde genauso wie jede andere Meditation: Es geht um das bewusste Wahrnehmen des gegenwärtigen Augenblicks. Während des konzentrierten **Gehens** wird jede kleine Empfindung in den Muskeln, auf der Haut und im ganzen Körper wahrgenommen, wodurch keine anderen Gedanken mehr Platz haben.

Durch die intensive, bewusste Bewegung lassen sich die Körperempfindungen leichter beobachten. So kann jedes Detail – die Beschaffenheit des Bodens, die Gewichtsverlagerung des Körpers, das Anspannen der Muskeln, das Aufsetzen der Ferse etc. – intensiv gespürt werden.

Das Tolle an der Gehmeditation ist, dass Sie sie überall machen können. Egal ob Sie an Ihrem Arbeitsplatz oder auf dem Weg zum Bäcker sind, Sie eine Runde um das Haus drehen oder auf den Bus warten.

Auch das Tempo ist variabel: Sie können ganz langsam, aber auch flott gehen – solange Sie bewusst gehen.

Auch die Gehmeditation können Sie mit Kindern ausprobieren. Erklären Sie den Kindern, worauf es ankommt und was sie beachten sollen.

Übung 5: Den Schwerpunkt finden und sich erden

Sie können vor der Gehmeditation eine kleine Erdungsübung machen.

Stellen Sie sich mit beiden Beinen stabil auf den Boden und pendeln Sie leicht nach links, nach rechts, nach vorne und nach hinten, bis Sie Ihren stabilen Schwerpunkt gefunden haben.

Schließen Sie Ihre Augen und stellen Sie sich vor, wie Sie durch den Kopf einatmen, der Atem dann durch Ihren Körper fließt und beim Ausatmen über die Füße in den Boden strömt.

Machen Sie diese Übung ein paar Minuten lang und fühlen Sie, wie Sie mit der Erde verwurzelt sind.

Übung 6: Gehmeditation

Anleitung:

Stellen Sie sich mit beiden Beinen fest auf den Boden, nehmen Sie eine entspannte Haltung ein und lassen Sie Ihre Hände seitlich neben Ihrem Körper hängen oder führen Sie sie vor oder hinter Ihrem Körper zusammen. Die Knie sind nicht ganz durchgedrückt und locker.

Spüren Sie den Boden unter Ihren Füßen und nehmen Sie einen tiefen Atemzug. Konzentrieren Sie sich ganz auf Ihre Atmung und auf die Empfindung in Ihren Füßen. Tief durch die Nase einatmen und durch den Mund laut ausatmen (5-mal).

Senken Sie Ihren Kopf, sodass Sie mit halb geöffneten Augen einen kleinen Sichtbereich rund um Ihre Füße wahrnehmen können.

Verlagern Sie dann das Gewicht Ihres Körpers vom rechten Fuß auf den linken Fuß, sodass fast das ganze Gewicht auf dem linken Fuß ruht. Heben Sie nun langsam Ihren rechten Fuß an.

Beginnen Sie mit der Ferse, dann folgt die Fußsohle und am Schluss die Zehen. Setzen Sie den Fuß achtsam wieder ab, beginnen Sie dabei wieder mit der Ferse. Machen Sie gleichmäßige, fließende Bewegungen.

Dann verlagern Sie das Gewicht auf den rechten Fuß und wiederholen das Ganze, indem Sie den linken Fuß langsam nach vorne bewegen. Während der Bewegung nehmen Sie jede kleine Veränderung Ihres Körpers wahr.

Beim Abheben des Fußes beobachten Sie, wie sich die Muskeln anspannen, beim Aufsetzen spüren Sie die Temperatur und die Unebenheiten des Bodens an Ihren Füßen, bei der Gewichtsverlagerung fühlen Sie, wie Ihr ganzer Körper arbeitet, um das Gleichgewicht zu halten.

Atmen Sie langsam und gleichmäßig. Bewegen Sie sich im Uhrzeigersinn durch den Raum/auf der Wiese und seien Sie sich Ihrer Körperhaltung bewusst. Überprüfen Sie zwischendurch, ob Sie mit den Gedanken noch bei

Ihren Füßen sind. Wenn nicht, richten Sie Ihre Aufmerksamkeit wieder gezielt auf Ihre Füße.

Sie können das Tempo zwischendurch auch variieren, schauen Sie, was für Sie angenehm ist.

Seien Sie dankbar dafür, dass Sie gehen können, und genießen Sie die Ruhe, die sich während des Gehens einstellt.

Nach ca. 10 Minuten bleiben Sie wieder stehen. Sie können die Augen schließen und den Kopf wieder aufrichten.

Spüren Sie nach, wie sich Ihre Füße jetzt anfühlen, und beobachten Sie Ihre Atmung.

- Wohin geht Ihre Aufmerksamkeit als Erstes?

- Was ist angenehm? Unangenehm?

- Was spüren Sie?

- Welcher Sinn ist dominant oder aktiv?

Am Schluss nehmen Sie noch einmal einen tiefen Atemzug und öffnen Sie dann Ihre Augen.

4. Am **Abend** – Wie ich meinen **Tag** beende

Kommen Sie auf Ihre Yogamatte. Legen Sie sich ein Bolster längs auf die Matte und setzen Sie sich davor. Richten Sie die Wirbelsäule auf und legen Sie sich über das Bolster ab. Legen Sie sich unter den Kopf eine Decke, so können Sie Ihr Kinn ganz leicht Richtung Brustbein verlängern und Ihr Nacken entspannt sich. Bringen Sie Ihre Fußsohlen zusammen – in Supta Baddha Konasana (liegender Winkel) – und stützen Sie Ihre Beine, indem Sie sich Blöcke unter die Oberschenkel legen. Optional können Sie die Beine nach vorne ausstrecken oder die Füße aufstellen. Ihre Arme legen Sie neben sich, lassen Sie die Handflächen nach oben zeigen.

In restorativen Haltungen lassen Sie Ihre Hilfsmittel die Arbeit tun. Entspannen Sie sich. Lassen Sie los und geben Sie Ihr Gewicht an das Bolster, die Erde ab. Schließen Sie die Augen und beobachten Sie Ihre Atmung.

Passive Yogahaltungen sind der Gegenpol zu unserem sehr dynamischen und bewegten Lebensstil. Unser Alltag ist meist davon geprägt, dass wir aktiv sind, sehr schnell entscheiden müssen, viel kommunizieren und viele Informationen und Reize gleichzeitig verarbeitet werden müssen. Wir sind in einem hohen Tempo unterwegs, machen vieles gleichzeitig. Das kann zu Stress führen, der sich bei jedem Menschen anders äußert (Kraftlosigkeit, Anfälligkeit für Erkältungen, Schlaflosigkeit, Verdauungsprobleme etc.).

Passive Haltungen, auch restoratives Yoga genannt, haben eine ausgleichende Qualität. Sie entspannen, beruhigen und nähren Körper, Seele und Geist.

Wenn ich mich körperlich und geistig erschöpft fühle, hilft mir eine restorative Yogasequenz. Anstatt fordernder Sonnengrüße oder dynamisch-fließender Flows, brauche ich an solchen Tagen mein Bolster, vielleicht eine warme, kuschelige Decke und sanfte Asanas, die ich länger halte. Meist praktiziere ich in Stille und mit geschlossenen Augen. So komme ich aus dem ständigen Tun, Machen und Gestalten leichter ins Spüren, Empfinden und Beobachten. Ich spüre, wie mein Körper nach und nach entspannen darf, sich Druck und Anspannung allmählich lösen.

Wann übe ich restorativ?
- bei Erschöpfung und Kraftlosigkeit
- nach einer Krankheit
- am Ende des Tages
- wenn Sie sich etwas Gutes tun möchten

Was brauche ich dazu?
- Hilfsmittel: Decke(n), Kissen, Bolster, Blöcke
- einen warmen Raum
- Ruhe
- leise, meditative Musik, wenn es Ihnen hilft, ruhiger zu werden
- Kerzen, Duftlampe

Welchen Effekt haben passive Asanas?
- Regenerierung (auch nach Krankheit)
- Entspannung (auch während der Menstruation)
- ein langsames Hineinspüren
- bessere Körperwahrnehmung
- Loslassen, was im Körper Härte und Anspannung erzeugt
- eine innere Haltung von Liebe, Mitgefühl, Freude und Gleichmut sich selbst gegenüber

Worauf muss ich bei restorativen Haltungen achten?

Sie bleiben eine längere Zeit in den Haltungen (2–10 Min.) und versuchen, alle Muskeln loszulassen und zu entspannen.

Wenn Sie in einer Haltung (Asana) nicht loslassen können, dann gehen Sie entweder weniger tief in die Haltung oder holen Sie sich Hilfsmittel – einen Block, eine Decke.

Kommen Sie zur Ruhe. Ihren Körper beruhigen Sie, indem Sie Ihre Muskeln entspannen. Gleichzeitig lösen Sie sich von Erwartungen und Vorstellungen, wie sich etwas anfühlen sollte, was passieren sollte.

Schließen Sie die Augen, um besser in die Asana (Haltung) eintauchen zu können. Sie können natürlich jederzeit früher aus der Haltung kommen.

Gehen Sie in jede Haltung nur so tief, dass Sie sich wohlfühlen.

Es empfiehlt sich, in diesen Asanas die Augen zu schließen.

Lassen Sie Ihren Körper mit der Schwerkraft auf die Erde, in Ihr Bolster sinken.

Dadurch bekommt Ihr Nervensystem weniger Informationen und wird ruhiger. Finden Sie den Zustand, in dem Sie passiv und gleichzeitig wach sein können. Versuchen Sie Dehnungen anzunehmen, ohne in den Widerstand zu gehen.

Restoratives Yoga kann sehr herausfordernd für unseren gestressten Körper und hyperaktiven Verstand sein. Wenn es Ihnen schwerfällt, länger in den Haltungen zu bleiben, verbinden Sie sich mit Ihrem Atem. Beobachten Sie, wie Sie ein- und ausatmen. Sinken Sie mehr und mehr in Ihren Körper und spüren Sie, nehmen Sie wahr.

Exkurs – Der Atem – ein starker Verbündeter

In der Regel nehmen wir unseren Atem als selbstverständlich und bemerken ihn nicht. Im Yoga, in der Meditation spielt der Atem jedoch eine außerordentlich wichtige Rolle.

Der Atem ist ein zuverlässiger Anker sowohl in der Yogapraxis als auch bei der Meditation.

Ohne dass wir im Außen etwas verändern müssen, kommen wir über unsere Atmung in einen Zustand der Entspannung, Ruhe und Ausgeglichenheit.

In der Atemmeditation geht es nicht darum, über den Atem nachzudenken, sondern sich des Atems bewusst zu sein und die Gefühle zu beobachten, die damit verbunden sind. Der Atem erinnert uns immer wieder daran, mit unserem Körper in Kontakt zu sein und wahrzunehmen, was gerade ist.

Was ein regelmäßiges Pranayama bewirkt:

- Die gleichmäßige, tiefe und bewusste Atmung des Pranayama trainiert unsere Atemmuskulatur,

- beruhigt den Geist,

- übt einen positiven Einfluss auf unsere Emotionen aus.

- Atem-, Herz- und Gehirnfrequenz wirken harmonisch zusammen (Kohärenz).

- Bewusstes Atmen kann akuten Stress abbauen und mehr noch unsere Stressresilienz erhöhen, die Fähigkeit, uns von erfahrenem Stress wieder schneller zu erholen,

- hat positiven Einfluss auf unsere Psyche (sind wir entspannt, atmen wir ruhig, langsam und tief, sind wir aufgeregt oder machen wir uns Sorgen, wird unser Atem schneller, flacher, unregelmäßiger, stockender).

- Der Atem ist ein Spiegel unserer inneren Zustände.

- Über die bewusste Atmung können wir direkt Einfluss auf unser Befinden nehmen.

(vgl. Ralph Skuban: Pranayama. Die heilsame Kraft des Atems)

Atembeobachtung (Viloma)

Bevor wir willentlich unseren Atem steuern können, müssen wir ihn erst spüren. Der erste Schritt ist, dass Sie Ihren Atem beobachten und kennenlernen.

Die Atemübung Viloma unterstützt Sie darin, eine gute Atemkontrolle zu bekommen und ungesunde Atmungsgewohnheiten loszulassen.

> *Viloma* heißt wörtlich so viel wie „umgekehrt" oder auch „gegen den Strich". Bei der Übung werden die **drei Atemräume** (Bauch, mittlerer und oberer Brustkorb) verbunden. Sie füllen jeden Atemraum und unterbrechen die Einatmung nach dem Anfüllen jedes Atemraumes dabei kurz. Sie können im Liegen oder im Sitzen üben.

Anleitung:

Kommen Sie in die Haltung (wie auf Seite 42 abgebildet).

Beobachten Sie zunächst Ihren natürlichen Atemfluss.

Wo im Körper spüren Sie Ihren Atem?

Wie fühlt es sich an, wenn der Atem in Sie einströmt?

Wie fühlt es sich an, wenn der Atem ausströmt?

Wie ist die Qualität Ihres Atems?

Wie sein Rhythmus?

Dann atmen Sie tief ein, öffnen Sie den Mund und lassen Sie den Atem lange ausströmen, wiederholen Sie das 3- bis 5-mal.

Schließen Sie den Mund und beginnen Sie in den unteren Bauch einzuatmen.

Kurze Pause (Erster Atemraum)

Atmen Sie weiter in den Brustkorb ein. Spüren Sie, wie sich die seitlichen Rippenbögen weiten, heben.

Kurze Pause (Zweiter Atemraum)

Atmen Sie schließlich ganz ein, spüren Sie, wie sich die Schlüsselbeine heben.

Kurze Pause (Dritter Atemraum)

Atmen Sie langsam und ruhig durch alle drei Atemräume aus, von oben nach unten, wenn möglich.

Wenn Sie ausgeatmet sind, beginnen Sie die nächste Runde.

Machen Sie die Viloma-Atmung 3 bis 10 Minuten.

Spüren Sie anschließend der Viloma-Atmung nach.

Atemmeditation

Diese Meditation hilft Ihnen nach einem stressigen Tag, an dem Sie viel im Außen waren, zu sich zu kommen und loszulassen. Sie können als Vorbereitung die Viloma-Atmung machen (siehe S. 82).

Den Text der Meditation können Sie sich auf Ihrem Smartphone aufnehmen und abspielen. Es ist in der Regel leichter, wenn Sie eine Stimme hören. Auf meiner Website finden Sie eine Audio-Datei mit dieser Meditation (www.katharinabralo.com).

Anleitung:

Finden Sie eine aufrechte, bequeme Sitzhaltung (siehe S. 42).

Schließen Sie Ihre Augen.

Spüren Sie in Ihr Becken und wie Sie sich über Ihr Becken mit der nächsten Einatmung aufrichten. Ihre Schultern, Ihre Bauchdecke und Ihre Gesichtszüge sind entspannt.

Nehmen Sie einen tiefen Atemzug und schicken Sie Ihren Atem tief ins Becken (versuchen Sie die Bauchmuskulatur möglichst zu entspannen).

Atmen Sie über den Mund aus und ziehen Sie bei der Ausatmung den Bauchnabel leicht nach innen Richtung Wirbelsäule.

Wiederholen Sie dies 3- bis 5-mal.

Dann schließen Sie den Mund und lassen Sie Ihren Atem natürlich fließen.

Atmen Sie ein. Atmen Sie aus.

Unser Atem unterliegt einem Rhythmus – Anfang, wenn Sie beginnen einzuatmen. Die Mitte, wenn Sie sich ganz anfüllen und das Ende, wenn sie ausatmen.

Anfang. Mitte. Ende.

Wiederholen Sie diese Worte und begleiten Sie dabei Ihren Atemfluss.

Anfang. Mitte. Ende.

Anfang (EA).

Mitte (Gefüllt)

Ende (AA).

Bleiben Sie mit der Aufmerksamkeit bei Ihrer Atmung und formulieren Sie die Worte Anfang – Mitte – Ende dabei.

Lassen Sie die Atmung immer leiser werden.

Fühlen Sie den Atem, anstatt ihn zu hören.

Dann lassen Sie die Atmung immer ruhiger werden.

Atmen Sie leise und ruhig.

Beobachten Sie, ob ihr Atem regelmäßig fließt – ohne Pausen zwischen der Ein- und Ausatmung, ohne schneller oder langsamer zu atmen.

> Die Yogatradition sagt, dass es Unregelmäßigkeiten in unserem Atemfluss gibt, dass dies aber keine physiologische Ursache hat, sondern Kopfsache ist.

Je mehr wir loslassen und entspannen, desto ruhiger fließt der Atem.

Bleiben Sie noch für eine Minute – leise, ruhig und regelmäßig atmen.

Dann machen Sie eine tiefe Einatmung, dann atmen Sie durch den Mund aus und öffnen langsam die Augen.

Achtsamkeitsmeditation

Sie können sich die Achtsamkeitsmeditation in Ihren Worten aufnehmen und abspielen, während Sie sie ausführen. Ich persönlich finde es immer einfacher, wenn es eine „fremde" Stimme ist, die mich führt und begleitet. Unter www.katharinabralo.com finden Sie eine Audio-Datei.

Anleitung:

Entweder kommen Sie in Ihren Meditationssitz (siehe S. 42) oder Sie legen sich auf die Erde. Wickeln Sie sich mit einer Decke ein, oder wenn Sie liegen, decken Sie sich zu.

Schließen Sie sanft die Augen.

Ihre Hände liegen entweder bequem auf Ihren Beinen oder neben Ihnen auf der Erde.

Entspannen Sie die Schultern und lassen Sie die Schultern Richtung Erde sinken.

Lassen Sie Ihren Brustkorb angenehm weit werden.

Beginnen Sie mit einer vertieften Bauchatmung. Atmen Sie tief in Ihren Bauch. Fühlen Sie, wie sich die Bauchdecke hebt und senkt. Spüren Sie, wie Sie Ihr Atem von innen berührt.

Lenken Sie dann die Aufmerksamkeit in Ihre Füße.

Wie fühlen sich Ihre Füße an?

Nehmen Sie nach und nach ein entspanntes Gefühl in Ihren Füßen wahr?

Versuchen Sie es sich weniger vorzustellen, als vielmehr zu fühlen.

ENTSPANNT.

Spüren Sie die Fußgelenke, die Schienbeine, Ihre Waden, die Knie und die Oberschenkel.

Und auch hier fühlen Sie, wie sich Ihre Fußgelenke, Schien- und Wadenbeine, Knie und Oberschenkel entspannen.

Lassen Sie Ihr Becken schwer nach unten sinken, lösen Sie Spannungen im Becken, Sie können auch einige vertiefte Atemzüge in Ihr Becken nehmen.

Kommen Sie dann mit der Aufmerksamkeit in die Bauchgegend. Lassen Sie Ihre Bauchdecke ganz weich werden.

Was nehmen Sie wahr? Was fühlen Sie?

Wandern Sie dann weiter in den Brustraum. Auch hier schaffen Sie Raum und Weite.

Spüren Sie ein Gefühl von angenehmer Wärme in diesem Bereich.

Entspannen Sie Ihre Arme, die Hände, Handgelenke, Handinnenflächen und Ihre Finger.

Wie fühlt es sich an, wenn Ihre Arme, Hände, Finger entspannt sind?

Dann lenken Sie die Aufmerksamkeit auf Ihren Hals.

Wie ist das Gefühl in diesem Körperbereich?

Kommen Sie mit der Aufmerksamkeit zu Ihrem Gesicht.

Lassen Sie Zunge ganz weich werden.

Wandern Sie weiter zu Ihren Wangen. Fühlen Sie, wie Ihre Wangen loslassen.

Gehen Sie weiter zu Ihren Augen. Ihre Augen liegen ruhig in den Augenhöhlen.

Spüren Sie, wie die Augenmuskulatur sich entspannt.

Entspannen Sie Ihre Stirn und die Schläfen.

Ihr ganzes Gesicht ist weich.

Wandern Sie in Ihren Kopf, entspannen Sie die Kopfkrone, den Hinterkopf, Ihren Nacken.

Spüren Sie Ihre Schultern entspannt!

Und die Rückseite des Oberkörpers.

Lassen Sie jetzt alles los, alle Gespräche, die heute waren, jede Aufregung, jede Emotion. Kommen Sie im Moment an.

Nehmen Sie Ihren Körper wahr. Wie fühlt er sich jetzt an?

Nehmen Sie alle Berührungspunkte des Körpers mit dem Boden wahr und die Temperatur Ihrer Hände, Ihrer Lippen. Spüren Sie Ihre Augenlider, wie sie aufeinanderliegen.

Nehmen Sie die feine Berührung der Kleidung auf Ihrer Haut wahr, da, wo keine Kleidung aufliegt, spüren Sie den Lufthauch auf der Haut.

Spüren Sie, wie der Lufthauch sanft an den Nasenflügeln vorbeistreicht.

Fühlen Sie den Lufthauch in der Nase, in der Luftröhre.

Wie Ihr Atem die Lungenflügel, den Brustkorb und die Bauchdecke rhythmisch hebt und senkt.

Bleiben Sie Beobachter/Beobachterin, nehmen Sie wahr, ohne zu beurteilen, ohne den Wunsch, etwas zu verändern. Beobachten bedeutet zu sehen, wie es ist.

Es ist ein Geschenk, einfach nur Beobachter/Beobachterin zu sein. Dies ist auch die Urform der Meditation.

Nehmen Sie dann einen tiefen Atemzug und atmen Sie durch den Mund aus. Wiederholen Sie dies gerne noch ein, zwei Mal.

Beginnen Sie sich zu bewegen, zu strecken, und öffnen Sie langsam Ihre Augen.

Namaste

Balasana (Das Kind)

Kommen Sie in den Vierfüßlerstand, setzen Sie sich nach hinten auf die Fersen und verlängern Sie die Arme entlang des Körpers. Lassen Sie Ihre Schultern entspannt nach links und rechts fallen. Ihre Stirn liegt entweder auf Ihrer Matte oder Sie legen Ihre Stirn auf einen Block, eine gefaltete Decke. Ihr Nacken ist lang und entspannt. Bleiben Sie 2–5 Minuten in dieser Asana.
Wirkung: Hilft Stress zu lösen.

Diese Asana können Sie während Sie praktizieren immer wieder einnehmen, um nachzuspüren. Auch wenn Sie dynamisch praktizieren, ist das Kind eine Haltung, in der Sie Pause machen, Ihre Atmung beruhigen und nachspüren.

Restorative Yogapraxis

Dauer: 15–20 Minuten

Was Sie brauchen: Decke, Blöcke, Bolster

1. Atem beobachten
3–5 Min.

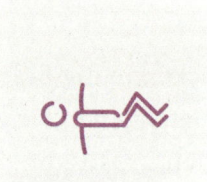

2. Drehung rechts/links
1 Min. pro Seite
Schultern sinken in die
Erde

3. Brustbein heben
2 Min.
Atem fließt ruhig

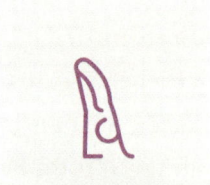

4. Knie leicht beugen,
Oberkörper, Nacken
entspannen
2 Min.

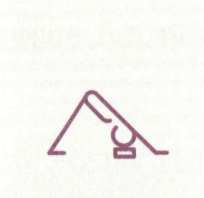

5. herabschauender
Hund, Kopf liegt auf
einem Block
2 Min.

6. Oberkörper liegt auf
einem Bolster, Kopf
dreht erst nach rechts
und dann nach links
3 Min. pro Seite

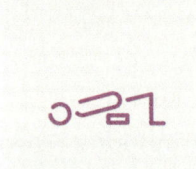

7. gestützte Schulter-
brücke, Becken liegt auf
einem Block
2 Min.

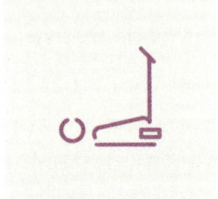

8. Beine Richtung Decke
strecken
5 Min.

9. Oberkörper auf Bolster,
Fersen auf Blöcken
10 Min.

Anleitung:

Kommen Sie zum Liegen.

Stellen Sie Ihre Füße entweder hüftbreit und parallel auf den Boden auf oder bringen Sie Ihre Fußsohlen zusammen und lassen Sie die Knie nach außen kippen. Legen Sie Ihre Hände auf den unteren Bauch, sodass Sie Ihren Atem dort spüren. **1**

Mit der Einatmung strömt der Atem in die Hände, ausatmend tief in Ihre Körpermitte.

Schieben Sie ausatmend den unteren Rücken in die Erde.

Lassen Sie den Druck der Füße los und entspannen Sie wieder bei der Einatmung. Spüren Sie die Bewegung bis in den Brustraum, in die Wirbelsäule.

Atmen Sie tief und bewusst.

Ziehen Sie die Knie zu sich ran, ausatmend lassen Sie beide Knie zur rechten Seite kippen. **2** Ihr Kopf kann in die entgegengesetzte Richtung drehen. Lassen Sie Ihre Schulterblätter in die Erde sinken. Entspannen Sie Ihre Bauchdecke. Atmen Sie ruhig und gleichmäßig. Schließen Sie Ihre Augen und bleiben Sie 1–2 Min., bevor Sie zur zweiten Seite drehen.

Kommen Sie zum Sitzen. **3**

Sie können sich gerne auf eine Decke setzen, sodass Ihr unterer Rücken gerade ist. Stellen Sie Ihre Fersen auf, Ihre Knie sind leicht gebeugt. Bringen Sie Ihre Fingerspitzen möglichst nah an Ihre Hüften und verlängern Sie die Vorder- und Rückseite Ihres Oberkörpers. Mit jeder Ausatmung lassen Sie Ihre Schultern los. Entspannen Sie Ihre Gesichtszüge, Ihren Bauch. Atmen Sie ruhig ein und aus.

2 Min.

Kommen Sie zum Stehen, beugen Sie Ihre Knie leicht und lassen Sie Ihren Oberkörper über die Vorderseite Ihrer Oberschenkel nach unten sinken. Entspannen Sie Ihren Nacken, **4** Sie können Ihr Kinn leicht Richtung Brustbein ziehen. Legen Sie Ihre Hände auf Blöcke. Spüren Sie die Länge in der

Vorder- und Rückseite des Oberkörpers, atmen Sie dabei ruhig und gleichmäßig. Das Gewicht ist ganz gleichmäßig auf Ihren Füßen verteilt.

2 Min.

Von Ihrer Vorwärtsbeuge kommen Sie in den herabschauenden Hund und platzieren Sie Ihre Stirn, Ihren Vorderkopf auf einem Block. **5** Spüren Sie die Dehnung in den Beinrückseiten. Falls die Dehnung zu intensiv ist, beugen Sie Ihre Knie leicht. Wichtig ist, dass Sie das Gewicht von Ihren Händen und Schultern in Ihre Füße schieben. Ihre Wirbelsäule ist lang. Hände drücken fest in die Erde. Ihre Handgelenke sind parallel zum vorderen Mattenrand.

2–3 Min.

Setzen Sie dann langsam Ihre Knie auf der Yogamatte auf und schieben Sie sich ins Kind (Balasana). Spüren Sie zwei, drei Atemzüge nach.

Holen Sie sich dann Ihr Bolster und legen Sie sich Ihr Bolster längs auf Ihre Yogamatte. Öffnen Sie Ihre Knie etwas nach links und rechts. Ziehen Sie das Bolster Richtung unteren Bauch und legen Sie sich auf das Bolster, sodass Ihr gesamter Oberkörper auf dem Bolster liegt. **6** Drehen Sie den Kopf zur rechten Seite und wechseln Sie dann anschließend zur linken Seite.

3 Min. pro Seite

Rollen Sie dann langsam nach oben.

Entfernen Sie Ihr Bolster. Kommen Sie auf dem Rücken zum Liegen. Stellen Sie Ihre Füße auf, hüftschmal, heben Sie Ihr Becken und schieben Sie sich einen Block oder Ihr Bolster unter Ihr Becken. **7** Lassen Sie Ihr Becken schwer nach unten sinken. Entspannen Sie Ihre Bauchdecke.

Was können Sie loslassen?

Wo spüren Sie im Körper Weite?

Was fühlt sich leicht an?

2 Min.

Strecken Sie langsam die Beine Richtung Decke in Viparita Karani. **8**
Schließen Sie Ihre Augen und spüren Sie in Ihren Körper. Die Atmung fließt
ruhig und gleichmäßig.

2–5 Min.

Stellen Sie langsam die Füße wieder auf. Heben Sie das Becken und entfernen Sie Ihren Block oder Ihr Bolster.

Legen Sie sich auf Ihr Bolster, und unter Ihre Fußsohlen legen Sie sich Ihre
Blöcke. **9** Ihren Hinterkof legen Sie entweder auf die Erde oder auf eine
Decke. Ihren Oberkörper lassen Sie schwer in das Bolster sinken.

Erlauben Sie sich loszulassen. Bleiben Sie trotzdem präsent und beobachten
Sie.

In der letzten Asana bleiben Sie 10–15 Min.

Übung 1: Kopf und Seele freischreiben

Auch Schreiben kann eine Methode sein, um am Abend aus dem Kopf und zur Ruhe zu kommen. Bereits in Kapitel 2 habe ich einige Übungen dazu vorgestellt (siehe S. 53).

Beim Schreiben geht es mir persönlich nicht darum, möglichst schön, eloquent und überlegt zu schreiben. Ich schreibe auf, was in dem Moment aus mir herauskommt: Fakten, Beschreibungen, Erlebnisse, emotionale Zustände, Befindlichkeiten etc.

Es schafft Platz in meinem Kopf, wenn ich meine Gedanken auf ein Papier bringe, oft ohne Struktur, ohne Zusammenhänge. Danach fühlt es sich so an, als wäre ich wieder bereit für neue Eindrücke.

Manchmal helfen mir auch **Impulse**, um mit mir ins Gespräch oder in Kontakt zu kommen.

Der Abend eignet sich sehr gut, um sich den Kopf freizuschreiben.

Hierbei können Sie entweder aufschreiben, wie der Tag für Sie war, was sie loswerden möchten oder Sie konzentrieren sich auf das, wofür Sie dankbar sind. Was gut gelaufen ist. Was Sie geschafft haben.

Möglich wäre auch, um auf andere Gedanken zu kommen, sich eine Frage vorzunehmen und dazu etwas niederzuschreiben.

Nehmen Sie sich ein Blatt Papier oder Ihr Tagebuch, ein Notizbuch und beantworten Sie für sich folgende Fragen. Kommen Sie dabei ins Spüren und beobachten Sie, was intuitiv, spontan hochkommt. Es geht nicht darum, die Fragen möglichst gut, perfekt, sinnvoll und vollständig zu beantworten, sondern eher darum, Ihr Gefühl festzuhalten, das, was für Sie stimmig ist.

Sie finden hier eine Auswahl an Fragen:

- Welche Seite an Ihnen kommt im Moment zu kurz?

- Mit welchem Geschenk kann man Ihnen die größte Freude machen?

- Wofür sind Sie dankbar?

- Wann sind Sie über sich hinausgewachsen?

- Was gibt Ihnen Kraft?

- Welcher Mensch inspiriert Sie?

- Wann waren Sie zuletzt mutig?

Sie können die Liste mit Ihren Fragen, über die Sie sich Gedanken machen wollen, ergänzen.

Übung 2: Tagesrückschau

Lassen Sie Ihren Tag am Abend oder bevor Sie schlafen gehen noch einmal gedanklich Revue passieren, von dem Augenblick an, als Sie aufgestanden sind, bis jetzt.

Es geht nicht darum, den Tag zu bewerten oder sich gedanklich in den Situationen zu verfangen, sondern zu beobachten, ob Sie gewisse Strukturen erkennen: Muster, Gewohnheiten, die sich wiederholen.

Machen Sie das für die nächste Woche jeden Abend! Und stellen Sie fest, was kommt immer wieder vor? Welche Gewohnheiten erkennen Sie? Was hat sich eingeschliffen, verfestigt, was ist neu, interessant?

Mein idealer Abschluss für den Tag.

∞ 20.30 Uhr Mobiltelefon, Laptop, Fernseher ausschalten, um den Verführungen von Online-Shopping, Instagram oder Facebook u. a. aus dem Weg zu gehen, denn sie sind Schlaf- und Energieräuber!

∞ Tee trinken*

∞ meditieren, regenerative Praxis

∞ eine Fußmassage oder ein Entspannungsbad helfen, das Nervensystem zu beruhigen.

∞ Tagesrückschau (entweder in Gedanken oder auch schriftlich mit kurzen Stichpunkten)

Tipp: Wenn Sie im Bett lesen, dann denken Sie daran, dass das die letzten Eindrücke sind, die Sie vor dem Schlafen empfangen, deshalb wählen Sie Ihre Literatur mit Bedacht aus!

*Kräutertee für den Abend

Zutaten für zwei Portionen: 1 TL Fenchelsamen; 1 TL Lavendelblüten; 2 Kardamomkapseln; 1 EL Minzblätter, frisch oder getrocknet; 1 EL Kamille oder Lindenblüten, frisch oder getrocknet; ½ TL Vanille-pulver oder ½ Vanilleschote längs aufschlitzen, Mark auskratzen
Das Wasser auf 70 Grad erhitzen und in eine Teekanne gießen. Alle Zutaten hinzufügen und 5 Minuten ziehen lassen. Durch ein Sieb abgießen und genießen!

5. Auszeit & Rückzug – ein Wohlfühlwochenende

Es gibt Tage oder Phasen, in denen ich mich leer, kraft- und energielos fühle. Die Auslöser sind mir in der Regel bewusst: zu viele Termine, zu hohes Tempo, zu viele Aufgaben gleichzeitig. Manchmal belasten mich Sorgen oder gar Ängste. Ich gönne mir zu wenig echte Pausen und Energiequellen (in der buddhistischen Psychologie spricht man von Ressourcen), die mich (wieder) aufladen.

> *What if we recharged ourselves as often as*
> *we did our phones?*
> **Philippa Moore**

Einen Tag nur für sich zu sein, sich die Zeit nehmen, sich mit sich zu beschäftigen, um zu reflektieren, um zur Ruhe zu kommen, um innezuhalten, darum wird es in diesem letzten Kapitel gehen.

Ich bin fest davon überzeugt, dass die Zeit, die Sie mit sich verbringen, ein Geschenk an die Welt da draußen ist, da die ehrliche Auseinandersetzung mit sich immer Wachstum bedeutet. Wenn Sie auf sich und Ihre Bedürfnisse achten, sind Sie ausgeglichener, mehr mit sich in Kontakt, aufmerksamer, und das spürt Ihr Umfeld: Wie Sie reagieren, wie Sie kommunizieren, wie Sie mit Stress oder Konfliktsituationen umgehen.

Wir neigen dazu, die Rahmenbedingungen oder Umstände oder mangelnde Zeit als Ursache oder Entschuldigung ins Feld zu führen.

„Ich würde mich ja gerne um mich und meinen Körper kümmern, aber ich habe keine Zeit, mit Familie und Beruf."

„Ich würde gerne mehr Zeit für mich haben, aber meine Familie braucht mich."

Sie erinnern sich vielleicht, was ich ganz am Anfang des Buches gesagt habe, dass Sie es sind, der/die etwas verändern kann. Sie schaffen sich Räume und Zeiten für sich. Und je nach Lebenssituation, Lebensphase sehen diese Räume und Zeiten anders aus, aber es gibt sie – immer.

Gratulation, wenn Sie sich dafür entschieden haben, sich ein Wochenende zurückzuziehen, es sich gutgehen zu lassen und Zeit mit sich selbst zu verbringen!

Sie können entweder am Freitagabend beginnen und den ganzen Samstag einplanen, oder Sie beginnen am Samstagmorgen bis Sonntagmittag.

Natürlich sind Sie frei, Ihre Auszeit so zu gestalten, wie es für Sie passt. Sie können sich auch im Urlaub zwei, drei Tage dafür reservieren.

Ich persönlich finde es gut, am Abend zu beginnen, da Sie erfahrungsgemäß etwas Zeit brauchen werden, um loszulassen, um sich einzustimmen auf die Stunden, die Sie für sich haben werden.

Wie bereiten Sie sich vor?

Planen Sie Ihre Auszeit und tragen Sie sich den Termin fest in Ihren Kalender ein. „Zeit für mich", „Meine Auszeit".

Sich einen Termin dafür zu blocken ist wichtig, denn sonst kommt Ihnen immer wieder etwas vermeintlich Wichtigeres dazwischen. Zudem signalisiert ein Termin im Kalender, dass Zeit mit sich genauso viel Wert hat wie andere Termine oder Verabredungen!

Verbringen Sie diese Zeit für sich alleine – ohne Partner oder Partnerin, ohne Kind(er), ohne Freunde oder Freundinnen und wenn möglich ohne Telefonate, Internet und Mobiltelefon.

Retreat heißt Rückzug und darum geht es:
sich zurückziehen, um mit sich zu sein.

Sie werden merken, dass es nicht immer leicht ist, plötzlich Zeit für sich zu haben. Was machen Sie in dieser Zeit?
Sobald Pausen entstehen, es nichts mehr zu tun gibt, nichts zu organisieren oder vorzubereiten, halten wir dies zunächst kaum aus, und wir suchen nach Ablenkung oder einer Beschäftigung – der Blick auf unser Mobiltelefon, Recherche im Internet oder fernsehen. Wir lenken uns ab.
Jedes Mal, wenn wir das tun, kappen wir die Verbindung zu uns, den Kontakt. Wir sind im Außen. Wir fokussieren uns auf Inhalte, Themen, Personen und lenken die Aufmerksamkeit von uns weg.

Wir brauchen aber gerade diese echten Pausen, in denen nichts passiert, wir brauchen die Stille, die Leere und die Langeweile, um überhaupt erst einmal zu bemerken, was mit uns, in uns los ist. Was wir denken? Was wir fühlen? Deshalb würde ich Ihnen ans Herz legen, dass Sie Ihre Auszeit im Vorfeld etwas planen.

Manchen Sie sich einen Plan:

∞ Wann möchten Sie mit Ihrer Auszeit beginnen?

∞ Welche Einheit(en) möchten Sie machen?

∞ Was soll passieren?

∞ Welche Übungen nehmen Sie sich vor?

∞ Gibt es einen Fokus, eine Intention für Ihre Auszeit?

∞ Wann möchten Sie am nächsten Morgen aufstehen?

∞ Wie gestalten Sie den Vormittag?

∞ Was möchten Sie essen?

∞ Wann planen Sie einen Spaziergang ein?

Es geht nicht darum, dass Sie Ihre Auszeit bis in Detail planen, sondern dass Sie eine ungefähre Ausrichtung haben. Sonst kann es passieren, dass Sie zunächst überfordert sind und nicht wissen, wie Sie beginnen sollen.

Struktur im Außen gibt Ordnung im Inneren. Mit einem Plan vermeiden Sie, dass Druck entsteht und Sie in Aktionismus verfallen oder sich ablenken. Diesen können Sie natürlich flexibel gestalten und nach Bedarf verändern.

Sie finden auf den folgenden Seiten einen Ablaufplan, an dem Sie sich orientieren können.

Sie können andere Meditationen und Übungen machen, auch Tätigkeiten, von denen Sie wissen, dass sie Ihnen guttun, sie Ihnen Kraft geben.

Vorbereitungen

Kaufen Sie unbedingt für Ihre Auszeit ein. Für sich zu kochen, den Tisch schön zu decken und Zeit für das Essen zu haben, ist ein zentraler Baustein Ihrer Auszeit. Überlegen Sie sich deshalb im Vorfeld, was Sie essen möchten, und besorgen Sie die Zutaten und Lebensmittel. Ich empfehle vegetarische Kost.

Richten Sie sich Ihren Ort ein. Vielleicht möchten Sie frische Blumen an Ihrem Ort aufstellen, einen neuen Duft für Ihre Duftlampe besorgen?

Sie brauchen Ihre Yogamatte, ein Yogabolster, zwei Blöcke, zwei Decken, ein Tagebuch oder Notizheft. Wenn Sie ab und an mit Musik praktizieren wollen, Ihre Musik, sowie einen Wecker für die restorative Yogapraxis.

Wenn Sie sich am Abend eine Selbstmassage gönnen oder eine Fußmassage, dann besorgen Sie sich ein Massageöl.

Ablaufplan für eineinhalb Wohlfühltage

Freitag

17.00 Uhr	Ich bin alleine. Alles ist so weit vorbereitet. Telefon, Computer und Mobiltelefon sind ausgeschaltet.
17.00 Uhr	Achtsamkeitsmeditation (siehe S. 86)

Nehmen Sie sich anschließend Zeit aufzuschreiben, wie Sie sich gerade fühlen, was Ihnen durch den Kopf geht und warum Sie diese Auszeit machen. Was wünschen Sie sich? Was soll sich verändern?

17.30 Uhr	Restorative Praxis (siehe S. 90)
18.00 Uhr	Nadi Shodana (Wechselatmung) (siehe S. 124)
18.15 Uhr	längeres Savasana
ca. 18.45 Uhr	Abendessen (leichte Suppe, gedünstetes Gemüse, Abendtee [siehe S. 97])

Optional: ein Abendspaziergang in der Natur, ein Bad nehmen, ein gutes Buch lesen

22.00 Uhr	sollten Sie schlafen

Samstag

7.00 Uhr   Reinigungsrituale am Morgen (siehe S. 27 f.)

7.15 Uhr   Morgenmeditation (siehe S. 44)

7.40 Uhr   Dynamische Yogapraxis (siehe S. 106)

9.00 Uhr   Reflexion: Wie geht es mir nach der Praxis? Wie fühle ich mich? Was geht mir durch den Kopf?

Frühstück   warmer Haferbrei, Tee (siehe S. 29)

Bewegung an der frischen Luft: Hierbei können Sie sich eine oder zwei Übungen aus Kapitel 2 mit auf den Weg nehmen.

Mittagessen zubereiten und genießen

Ausruhen, lesen, reflektieren oder wenn Sie sehr erschöpft sind, gönnen Sie sich einen Nachmittagsschlaf, jedoch höchstens 20–30 Min.

16.30 Uhr   Restorative Yogapraxis (siehe S. 112)
Reflexion: Schreiben Sie anschließend wieder in Ihr Tagebuch, Notizbuch, wie Sie sich fühlen. Was haben Sie beobachtet? Sind Widerstände aufgetaucht? Was fiel Ihnen leicht? Was nicht?

18.00 Uhr   Abendessen vorbereiten und genießen

20.30 Uhr   Metta-Meditation (siehe S. 120)

Abschließende Reflexion

Wie geht es mir? Was fühle ich? Was geht mir durch den Kopf? Was war schwierig? Was fiel mir leicht und konnte ich genießen? Wenn ich mich daran erinnere, was ich mir vorgenommen habe, was sich verändern sollte, wie ist mein Resümee?

Dynamische, aktivierende Yogasequenz

Dauer: 30–40 Minuten

Was Sie brauchen: Yogamatte, Blöcke, Decke

links wiederholen

EA/AA

1. Supta Baddha Konasana (Hände liegen auf dem Bauch)

EA/AA

2. rechtes Bein Richtung Decke strecken

EA/AA

3. Vierfüßlerstand

AA

4. Katze

4+5: 5–10x

EA

5. Kuh

AA/EA

6. 5 Atemzüge im herabschauenden Hund

AA

EA

7. EA ins Brett, AA zurück in den Hund, 5–10 Mal

AA

8. herabschauender Hund, langsam nach vorne zu den Händen laufen (EA)

9–10, je 3 Mal

AA

9. Uttanasana (Vorwärtsbeuge)

EA

10. Ardha Uttanasana (halbe Vorwärtsbeuge)

EA

11. Po sinkt tief, Gewicht in die Fersen schieben

AA

12. Uttanasana (Vorwärtsbeuge)

EA/AA

13. rechter Fuß nach hinten und Oberkörper aufrichten

EA

14. EA

AA/EA/AA

15. Krieger II
5 Atemzüge

AA

16. Hände zur Erde und großer Schritt nach vorne

11–20 rechts, links 2x

AA

17. Uttanasana (Vorwärtsbeuge)

EA

18. Utkatasana

AA

19. Tadasana (der Berg)

EA

20. aus Tadasana, rechter Fuß nach hinten

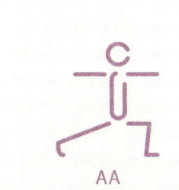

AA

21. Krieger II, rechte Ferse umlegen

EA/AA

22. Trikonasana, Dreieck

EA

23. Krieger II

AA

24. Tanzender Krieger

20–26: pro Seite 2x

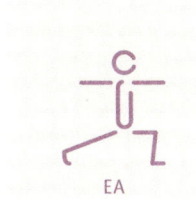

EA

25. Krieger II

AA

26. Tadasana

AA

27. herabschauender Hund, langsam nach vorne zu den Händen laufen

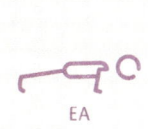

EA

28. Brett

Dynamische, aktivierende Yogasequenz ♥ 107

3–5 Mal

29. Knie aufsetzen und ablegen

30. Kobra

31. auf dem Rücken zum Liegen kommen und Füße unter den Knien aufstellen

31–32: 3–5 Mal

32. EA Becken und Arme langsam heben, Arme hinter dem Kopf ablegen, AA Becken sinken lassen, Arme wieder neben dem Körper ablegen

33. Drehung links/rechts

34. Savasana 5–10 Min.

Anleitung:

Kommen Sie auf der Erde zum Liegen. Fußsohlen berühren sich, öffnen Sie Ihre Knie zur Seite. Sie können sich Blöcke unter die Oberschenkel legen, falls die Dehnung in den Leisten zu intensiv sein sollte. **1**

Ziehen Sie Ihr Kinn Richtung Brustbein. Ihre Hände können Sie auf Ihren Bauch legen.

Schließen Sie die Augen und nehmen Sie 5–10 ruhige, gleichmäßige Atemzüge.

Stellen Sie Ihren linken Fuß auf, greifen Sie mit beiden Händen die Rückseite Ihres rechten Beines und strecken Sie Ihr rechtes Bein Richtung Decke. **2**

Sie können auch einen Gurt um den Großzeh- und Kleinzehballen legen, falls sich die Schultern heben sollten, wenn Sie mit den Händen die Rückseite des rechten Beines greifen.

Sie schieben Ihre Ferse Richtung Decke. Spüren Sie die Dehnung in der Beinrückseite.

Bleiben Sie 1 Minute, anschließend lassen Sie das Bein gestreckt mit der AA langsam zur Erde sinken.

Wechseln Sie die Seite.

Kommen Sie in den Vierfüßlerstand 3 und beginnen Sie mit der AA rund zu werden 4 und mit der EA den Blick Richtung Decke zu öffnen. 5 Machen Sie die Katze-Kuh 5–10 Mal.

Schieben Sie sich mit der nächsten AA in Ihren ersten herabschauenden Hund 6 und bleiben Sie für 5 Atemzüge.

EA kommen Sie in die schiefe Ebene (7 unten). Schultern sind über den Händen. Achten Sie vor allem darauf, dass Sie in Ihrer Körpermitte stabil sind. Sie sind wie ein Brett.

Ziehen Sie sich kraftvoll zurück in den herabschauenden Hund. 8

Laufen Sie langsam zu Ihren Händen in Uttanasana (Vorwärtsbeuge). 9

Mit der EA strecken Sie die Wirbelsäule, 10 Ihre Hände können Sie auf die Schienbeine legen oder Sie bringen die Fingerspitzen zur Erde. Schieben Sie Ihr Brustbein nach vorne. Ihr Blick ist Richtung Erde.

Wiederholen Sie dies 3 Mal.

Aus der Vorwärtsbeuge lassen Sie Ihren Po sinken, so als würden Sie sich auf einen Kindergartenstuhl setzen. Schieben Sie Ihr Gewicht in die Fersen. Knie sind beieinander. Wenn Sie möchten, heben Sie mit der EA Ihre Arme auf Höhe Ihrer Ohren und verlängern Sie Ihre Wirbelsäule. Diese Haltung heißt Utkatasana (der Stuhl) 11 und kräftig unsere Beinmuskulatur, aber auch unsere Rückenmuskulatur. In dieser Haltung bauen wir Kraft und Stärke auf.

Bleiben Sie für 5 Atemzüge, mit der AA kommen Sie wieder in Uttanasana (Vorwärtsbeuge). 12 EA strecken Sie die Wirbelsäule, AA lassen Sie los und steigen Sie mit Ihrem rechten Bein zurück. 13

EA heben Sie langsam Ihren Oberkörper. Strecken Sie Ihre Arme Richtung Decke, Ihre Schultern lassen los. 14

Mit einer AA öffnen Sie in den Krieger II (Virabhadrasana II). 15

[Sie finden auf Seite 58 f. Hinweise, worauf Sie im Krieger II besonders achten sollten.]

Bleiben Sie 5 Atemzüge im Krieger II, mit einer AA bringen Sie die Hände auf die Erde, rollen Sie auf Ihren rechten Fußballen **16** und steigen Sie zurück in Uttanasana. **17**

Beugen Sie die Knie und kommen Sie mit der EA in Utkatasana (der Stuhl) **18** und mit der AA zum Stehen in Tadasana. **19**

Wiederholen Sie alle Asanas von 11.) bis 19.), und wiederholen Sie jede Seite noch einmal.

Aus Tadasana (Berghaltung) machen Sie mit rechts einen großen Schritt nach hinten, **20** setzen Sie Ihre rechte Ferse auf, Zehen zeigen zur Seite, und beugen Sie Ihr linkes Knie. Heben Sie Ihre Arme auf Schulterhöhe (Krieger II). **21**

Strecken Sie langsam das vordere Bein. Ziehen Sie sich über Ihr gestrecktes linkes Bein nach vorne und platzieren Sie Ihre linke Hand entweder auf Ihr Schienbein oder stellen Sie sich einen Block entweder an der Innen- oder Außenseite Ihres linken Fußes auf und legen Sie Ihre Hand ab. Sie sind in Trikonasana (das gestreckte Dreieck). **22** Bleiben Sie für 5 Atemzüge.

Beugen Sie Ihr linkes Knie leicht und kommen Sie mit einer EA nach oben, und dann beugen Sie Ihr linkes Knie mit der AA etwas tiefer und landen Sie wieder im Krieger II. **23**

Öffnen Sie mit der nächsten EA Ihre linke Seite, indem Sie sich leicht im Krieger II nach hinten beugen. Sie können Ihre rechte Hand entweder am rechten Bein auflegen oder an die rechte Hüfte. Dies ist der tanzende Krieger. **24** Mit einer EA kommen Sie in den Krieger II **25** zurück und machen Sie mit rechts einen Schritt nach vorne in Tadasana. **26**

Wiederholen Sie die Abfolge mit dem linken Bein.

Wiederholen Sie die Asanas 20.) bis 26.) 2-mal

Laufen Sie zurück in den herabschauenden Hund. **27**

Mit der EA kommen Sie in die schiefe Ebene, 28 setzen Sie die Knie auf, und mit der AA legen Sie sich langsam ab. Achten Sie darauf, dass Ihre Ellbogen nah am Körper bleiben. 29

Mit der nächsten EA heben Sie den Oberkörper in die Kobra (Bhujangasana). 30 Fußrücken drücken fest in die Erde. Ihre Hände sind neben dem Brustkorb aufgestellt, sodass Ihre Unterarme einen rechten Winkel bilden. AA legen Sie die Stirn wieder ab. Wiederholen Sie dies 3- bis 5-mal.

Rollen Sie dann auf die Rückseite und stellen Sie Ihre Füße auf. 31 Ihre Fußgelenke sind unter Ihren Knien, Ihre Beine sind hüftschmal geöffnet.

Mit der EA heben Sie langsam Ihr Becken, nehmen Sie Ihre Arme mit und legen Sie Ihre Arme hinter dem Kopf ab. Mit der AA rollen Sie langsam wieder ab, Arme nehmen Sie wieder mit nach vorne. 32

Wiederholen Sie dies 3- bis 5-mal.

Zum Abschluss kommen Sie in eine Drehung. Ziehen Sie beide Knie zu sich und mit der AA legen Sie Ihre Knie rechts ab, Ihr Kopf kann in die entgegengesetzte Richtung rollen. 33 Bleiben Sie auf jeder Seite 3 bis 5 ruhige Atemzüge.

Kommen Sie in die Endentspannung (Savasana) 5 bis 10 Minuten. 34

Namaste

Restorative Yogapraxis

Dauer: 15–20 Minuten

Was Sie brauchen: Yogamatte, Blöcke, Decke

EA/AA

1. Nadi Shodana (Wechselatmung)

EA/AA

2. Atem beobachten 5–10 Atemzüge

EA/AA

3. Becken kreist über die Knie, 5–10 Mal in beide Richtungen

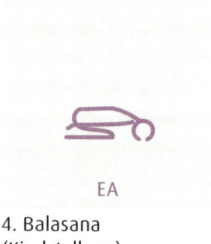

EA

4. Balasana (Kindstellung)

AA

5. herabschauender Hund

EA/AA

6. 1–2 Min.

EA/AA

7. 1–2 Min. Wirbelsäule ist lang

6–8: andere Seite wiederholen

AA

8. herabschauender Hund

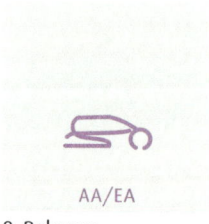

AA/EA

9. Balasana 1–2 Min.

9–10: 5–10 Mal wiederholen

EA

10. auf die Knie kommen, Arme heben

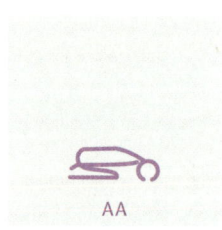

AA

11. Balasana 5 Atemzüge

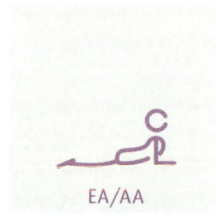

EA/AA

12. Sphinx, Fußrücken drücken fest in die Erde, 1 Min.

EA/AA

13. Heuschrecke, Hände verlängern Richtung Fersen
5–10 Atemzüge

EA/AA

14. 5 Atemzüge

EA/AA

15. Vorbeuge (Paschi-mottanasana)
1–2 Min.

EA/AA

16. Savasana
5–10 Min.

Anleitung:

Kommen Sie auf einer Decke, einen Block zum Sitzen.

Richten Sie die Wirbelsäule mit der nächsten EA auf und mit der AA lassen Sie Ihr Becken in Ihre Unterlagen sinken.

Nehmen Sie einige ruhige Atemzüge, um auf Ihrer Matte, an Ihrem Ort anzukommen.

Beobachten Sie, wie fühlt sich mein Atem an? Wie fühlt sich mein Körper an? Halte ich noch Körperstellen, die ich noch mehr entspannen könnte (Schultern, Gesichtszüge, Bauch ...)? Wie beginne ich meine Yogapraxis?

Beginnen Sie dann für 3–5 Minuten mit der Wechselatmung (Nadi Shodana, Anleitung siehe S. 124). **1**

Spüren Sie anschließend 5–10 ruhige Atemzüge der Wirkung von Nadi Shodana nach und öffnen Sie langsam die Augen. **2**

Kommen Sie in den Vierfüßlerstand, Hände und Schultern sind in einer Linie, sowie die Knie und das Becken.

Beginnen Sie Ihr Becken zu kreisen, **3** erst 5- bis 10-mal in die eine Richtung und dann 5- bis 10-mal in die andere Richtung. Es geht nicht darum, wie es aussieht, sondern wie es sich anfühlt. Fühlen Sie, wie Sie bewegt werden.

Ziehen Sie sich in die Kindstellung zurück, **4** und aus der Kindstellung kommen Sie in den herabschauenden Hund. **5** Sie können entweder in

Ruhe bleiben und bewusst atmen und beobachten, wie sich die Beinrückseiten, die Kniekehlen, die Waden langsam öffnen, oder wenn Sie sich lieber bewegen wollen, bewegen Sie sich. Schieben Sie die Fersen abwechselnd Richtung Erde, beugen Sie Ihre Knie leicht und verlängern Sie Ihre Wirbelsäule, indem Sie Ihre Sitzbeine Richtung Decke strecken.

Mit der EA stellen Sie Ihren rechten Fuß nach vorne zwischen die Hände und legen Sie Ihr linkes Knie ab. **6** Sie können Ihre Hände auf Blöcke legen, falls die Dehnung mit Händen auf der Erde zu intensiv wäre, oder Sie kommen auf Ihre Fingerspitzen. Bleiben Sie für 1–3 Minuten in der Haltung. Ziehen Sie sich zurück und strecken Sie Ihr rechtes Bein. **7** Achten Sie darauf, dass Knie und Becken in einer Linie sind, verlängern Sie Ihre Wirbelsäule, Zehen zeigen Richtung Decke. Je mehr Sie Ihre Wirbelsäule strecken, desto intensiver wird die Dehnung in der rechten Beinrückseite. Sie können auch hier Blöcke für Ihre Hände nutzen.

Bleiben Sie für 1–3 Minuten in Ardha Hanumanasana (halber Spagat).

Stellen Sie die Hände auf und schieben Sie sich zurück in den herabschauenden Hund. **8**

Wiederholen Sie die Asanas 6–8 auf der linken Seite.

Kommen Sie anschließend in die Kindhaltung, **9** legen Sie die Stirn auf die Matte oder eine Decke, einen Block und verlängern Sie die Arme entlang des Körpers, Ihre Schultern dürfen entspannen. Bleiben Sie für 1–2 Minuten in dieser Asana. Lassen Sie Ihre Atmung ruhig werden und richten Sie Ihre Aufmerksamkeit nach innen.

Mit der nächsten EA kommen Sie auf Ihre Knie, heben Sie dabei die Arme nach oben, **10** mit der AA kommen Sie wieder in die Kindhaltung **11** und legen Sie Ihren Oberkörper auf oder zwischen Ihre Knie ab.

Wiederholen Sie diesen Wechsel 5- bis 10-mal in Verbindung mit der Atmung.

Kommen Sie dann auf dem Bauch zum Liegen und stellen Sie Ihre Ellbogen unter den Schultern auf, diese Asana nennt sich Sphinx (Ardha Bhujangasana). **12** Drücken Sie Ihre Fußrücken und Ihr Schambein fest in die Erde

und heben Sie Ihr Brustbein, lassen Sie Ihre Schultern nach unten sinken. Bleiben Sie für 1 Minute.

Mit einer AA lösen Sie die Haltung auf und legen Sie entweder Ihre Stirn auf Ihre Hände oder eine Schläfe auf die Erde und entspannen Sie Ihren ganzen Körper.

Mit einer EA heben Sie Beine, Oberkörper und Arme in die Heuschrecke (Shalabhasana) **13** für 5–10 Atemzüge. Diese Asana kräftigt Ihre Rückenmuskulatur und gibt Energie. Ziehen Sie sich lieber in die Länge als in die Höhe und halten Sie Ihren Atem nicht an, sondern atmen Sie ruhig weiter. Legen Sie sich wieder ab und spüren Sie nach. Ihr Herz wird jetzt wahrscheinlich etwas schneller schlagen.

Kommen Sie zum Sitzen. **14**

Setzen Sie Ihre Hände hinter sich auf, ziehen Sie Ihre Knie etwas an und verlängern Sie Ihre Wirbelsäule. Heben Sie Ihr Brustbein Richtung Decke. Versuchen Sie möglichst wenig Druck und Gewicht auf Ihren Händen oder Fingerspitzen zu haben. Sie können Sich auch gerne auf eine Decke setzen. 5 ruhige Atemzüge verweilen.

Kommen Sie dann noch in die Vorbeuge (Paschimottanasana) **15** für 1–2 Minuten. Sie können Ihre Beine strecken oder angewinkelt lassen, wie es sich für Sie gut anfühlt. Möglich wäre auch, dass Sie sich ein Bolster unter die Kniekehlen legen, dann können Sie noch besser loslassen.

Bleiben Sie zum Abschluss für 5–10 Minuten in der Endentspannung (Savasana). **16**

Namaste

Anleitung für Savasana

Die Totenstellung (Savasana) ist die wichtigste Haltung, nachdem Sie prakti-ziert haben, da Sie in Savasana Ihrem Körper, Ihrer Seele und Ihrem Geist die Ruhe und die Zeit geben, zu regenerieren und zu heilen. Deshalb sollten Sie sich immer mindestens 5 Minuten Zeit nehmen, um zu ruhen.

Savasana (Totenstellung)

Anleitung:

In Savasana nehmen Sie auf Ihrer Yogamatte möglichst viel Raum ein. Ihre Beine sind V-förmig geöffnet, die Füße kippen nach außen, sodass Ihre Hüften entspannen können.

Ihre Arme liegen links und rechts auf der Erde, Handflächen zeigen nach oben. Auch hier lassen Sie etwas Abstand zwischen Ihrem Oberkörper und den Armen.

Ihr Kinn ziehen Sie sanft Richtung Brustbein, sodass Ihr Nacken verlängert. Sie können auch eine Decke unter Ihren Kopf legen, falls Sie dazu neigen, Ihren Kopf in den Nacken zu legen.

Ihr Kopf liegt ganz zentriert auf der Erde.

Decken Sie sich zu oder ziehen Sie sich Socken, eine Jacke an.

Wenn Sie möchten, können Sie sich ein Augenkissen auf die Augen legen. Das erlaubt Ihnen besser loszulassen.

Auch ein Bolster könnten Sie sich unter Ihre Knie legen, das entlastet den unteren Rücken.

Schließen Sie sanft Ihre Augen. Entspannen Sie Ihre Gesichtszüge, Ihre Bauchdecke, das Becken, die Arme und Beine.

Ihre Atmung fließt ganz natürlich.

> Savasana bedeutet nicht, dass Sie wegdösen oder gar einschlafen. Die Kunst liegt darin, dass Sie sich erlauben, loszulassen und zu entspannen und gleichzeitig präsent zu bleiben und zu beobachten. Machen Sie sich keine Gedanken, wenn Sie zunächst in Savasana einschlafen, das kommt mit der Zeit.

Exkurs – ESC-Taste drücken (Extreme Self Care)

Diese effektive Übung lernte ich in einem Seminar zu einer Zeit kennen, als es größere Veränderungen und Umbrüche in meinem Leben gab. Ich fühlte mich einerseits erschöpft und kraftlos und gleichzeitig unruhig und nervös. Die Seminarleiterin empfahl mir, mindestens einmal die Woche für zwei bis drei Stunden die ESC-Taste zu drücken, und es half mir, innerhalb kürzester Zeit fokussierter und ruhiger zu werden. Was hat es mit dieser ESC-Taste auf sich? Man macht in seiner Wochenplanung einen längeren oder zwei kürzere Termine mit sich selbst. Diese Termine sind im Kalender geblockt und feste Verabredungen mit sich. In dieser Zeit unternimmt man etwas, das einem persönlich guttut und nährt. Dazu gehören nicht Dinge, die man noch schnell erledigen muss, wie etwa putzen, mit einer Freundin telefonieren oder einkaufen.

Dazu gehören Interessen und Beschäftigungen, für die man sich sonst keine Zeit nimmt oder denkt, nicht nehmen zu können: wie Yoga, Meditation, Lesen, Musik hören, Schreiben, Spazieren, zur Massage, ins Museum gehen oder einfach NICHTS tun. Das Mobiltelefon, der Computer sind ausgeschaltet und WICHTIG! man verbringt diese Zeit wirklich alleine.

Es hat nicht lange gedauert, bis ich für mich entdeckt hatte, wie nährend es ist, bewusst Zeit mit sich zu verbringen.
Die Umstände im Außen können wir oft nicht verändern. Wir haben Aufgaben, die wir erledigen müssen. Termine, die wir wahrnehmen sollten und Verantwortung, die wir übernommen haben. Was wir aber ändern können, ist, mehr Ladestationen im Alltag zu etablieren, an die wir uns bei Bedarf anhängen und aufladen können.

Beobachten Sie, was Sie nährt, belebt, erfüllt und versuchen Sie, diese Dinge öfter in Ihre Tage zu integrieren!

> *„Als ich mich selbst zu lieben begann, konnte ich erkennen,*
> *dass emotionaler Schmerz und Leid nur Warnungen*
> *für mich sind, gegen meine eigene Wahrheit zu leben.*
> *Heute weiß ich: Das nennt man AUTHENTISCH SEIN.“*
> Charlie Chaplin

Übung

Diese Übung können Sie auch in Ihre Auszeit integrieren. Nehmen Sie ein Blatt Papier oder Ihr Tagebuch, ein Notizbuch und beantworten Sie folgende Fragen. Kommen Sie dabei ins Spüren und beobachten Sie, was intuitiv, spontan hochkommt. Es geht nicht darum, die Fragen möglichst gut, perfekt, sinnvoll und vollständig zu beantworten, sondern eher darum, was Ihr Gefühl ist, was für Sie stimmt.

Anleitung:

Kommen Sie in einen Meditationssitz, schließen Sie die Augen
Nehmen Sie fünf bis zehn tiefe Atemzüge. Spüren Sie in Ihr Becken.
Öffnen Sie dann langsam die Augen und schreiben Sie Ihre Gedanken zu einer oder mehreren Fragen auf.

- Was sind meine liebsten Gefühle?
- Was liebe ich zu tun, zu machen, zu tragen?
- In welchen Momenten bin ich im Flow?
- Spiegeln meine Handlungen, Entscheidungen den Menschen, der ich wirklich bin?
- Welche Ideen trage ich schon lange in mir?
- Was möchte ich von mir zum Ausdruck bringen? Was von mir zeigen?

Die Metta-Meditation

Es gibt unzählige Meditationstechniken und Formen. Eine Meditation, die mir ans Herz gewachsen ist, ist die Metta-Meditation. Diese Meditation lehrt uns, wie heilsam es ist, freundlicher zu sich selbst zu sein.

Bei der Meditation geht es nicht nur darum, dass wir aufmerksam sind, sondern auf welche Weise wir aufmerksam sind.

Aufmerksamkeit kann manchmal auch etwas Strenges haben. Die Metta-Meditation beginnt mit der Absicht, eine offenere und freundlichere Einstellung anderen, aber vor allem auch uns selbst gegenüber zu kultivieren.

> Diese Meditation lehrt uns, freundlicher mit uns selbst zu sein.

Am Anfang habe ich mich mit dieser Meditation sehr schwergetan, aber mittlerweile praktiziere ich sie gerne und es wirkt!

Mir wird schneller bewusst, wenn ich unfreundlich zu mir bin, wenn ich abfällig über mich, mein Aussehen kommentiere, wenn ich mich maßlos über mein Verhalten aufrege.

Sobald mir dieser abfällige innere Monolog bewusst wird, halte ich inne und frage mich: Würde ich so in dieser Situation auch mit einem meiner Lieblingsmenschen sprechen? Würde ich diese Worte wählen? Würde ich in diesem Ton sprechen?

In den allermeisten Fällen werde ich milder und lasse davon ab, mich weiter zu beschimpfen.

Meditation: Liebende Güte für andere und für einen selbst!

Anleitung:

Nehmen Sie eine angenehme, entspannte Sitzhaltung ein – auf Ihrem Meditationskissen oder einem Stuhl.

Nehmen Sie einige tiefe Atemzüge und spüren Sie, wie sich Ihr Körper mit jeder Ausatmung entspannen darf.

Kommen Sie mit der Aufmerksamkeit in den Brustraum und nehmen Sie wahr, ob Ihr Herz sich offen oder eher verschlossen anfühlt, oder vielleicht fühlen Sie etwas dazwischen.

Es geht nicht darum, etwas zu verändern oder zu beurteilen, sondern darum, es zu beobachten.

(PAUSE)

Denken Sie daran, dass Sie in dieser Meditation ein offenes Herz und eine freundliche Einstellung anderen und sich selbst gegenüber kultivieren. Das kann sich zunächst komisch oder künstlich anfühlen. Versuchen Sie, wenn Sie sich unwohl oder komisch fühlen, auch diesen Zustand zuzulassen.

(PAUSE)

Stellen Sie sich eine Person vor, mit der Sie sich verbunden fühlen! Das kann ein geliebter Mensch, eine Freundin oder ein Freund, ein Familienmitglied, eine Kollegin oder ein Kollege sein.

Machen Sie sich nicht zu viele Gedanken, sondern wählen Sie die erste Person, die Ihnen spontan erscheint.

Stellen Sie sich die Person, die Sie ausgewählt haben, vor, wie sie Ihnen gegenübersitzt und wie Sie diese Person ansieht.

Was fühlen Sie? Dankbarkeit, dass diese Person in Ihrem Leben ist? Oder erinnern Sie sich daran, was diese Person für Sie tut/getan hat?

Beginnen Sie dieser Person freundliche Wünsche und Liebende Güte zu wünschen:

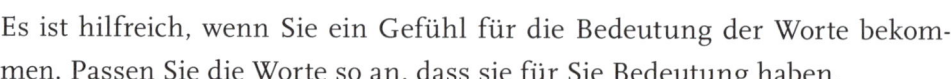

Es ist hilfreich, wenn Sie ein Gefühl für die Bedeutung der Worte bekommen. Passen Sie die Worte so an, dass sie für Sie Bedeutung haben.

Sie können die Sätze laut oder leise sprechen. Wiederholen Sie die Sätze dreimal und schauen Sie die Person, die Sie gewählt haben, dabei (mit geschlossenen Augen) an.

MÖGEST DU SICHER UND GESCHÜTZT SEIN VOR INNEREM UND ÄUSSEREM SCHADEN.

Wiederholen Sie diesen Satz laut oder leise. Sie können den Satz auch in Ihren Worten sprechen.

MÖGEST DU MOMENTE DES GLÜCKS UND DES FRIEDENS ERFAHREN.

Wiederholen Sie diesen Satz laut oder leise. Sie können den Satz auch in Ihren Worten sprechen.

MÖGEST DU DEIN LEBEN MIT LEICHTIGKEIT LEBEN.

Wiederholen Sie diesen Satz laut oder leise. Sie können den Satz auch in Ihren Worten sprechen.

MÖGEST DU GESUND UND STARK SEIN UND FALLS DIES NICHT MÖGLICH IST, MÖGEST DU DEINE EINSCHRÄNKUNGEN MIT WÜRDE TRAGEN.

Wiederholen Sie diesen Satz laut oder leise. Sie können den Satz auch in Ihren Worten sprechen.

(PAUSE)

Lenken Sie dann die Aufmerksamkeit von dieser Person auf sich.

Sie können die Sätze für Sie als erwachsene Person sprechen, die Sie heute sind. Vielleicht fällt es Ihnen leichter, sich vorzustellen, dass Sie die Liebende Güte einer jüngeren Version von sich zukommen lassen.

Wenn das schwer funktioniert, dann können Sie sich zunächst die Person vorstellen, der Sie gerade die Wünsche gesendet haben, dass sie nun Ihnen diese Wünsche zukommen lässt und zu einem späteren Zeitpunkt allmählich dazu übergehen, dass Sie für sich selbst diese Wünsche sprechen.

MÖGE ICH SICHER UND GESCHÜTZT SEIN VOR INNEREM UND ÄUSSEREM SCHADEN.

Wiederholen Sie diesen Satz laut oder leise. Sie können den Satz auch in Ihren Worten sprechen.

MÖGE ICH MOMENTE DES GLÜCKS UND DES FRIEDENS ERFAHREN.

Wiederholen Sie diesen Satz laut oder leise. Sie können den Satz auch in Ihren Worten sprechen.

MÖGE ICH MEIN LEBEN MIT LEICHTIGKEIT LEBEN.

Wiederholen Sie diesen Satz laut oder leise. Sie können den Satz auch in Ihren Worten sprechen.

MÖGE ICH GESUND UND STARK SEIN – UND WENN DAS NICHT MÖGLICH IST, MÖGE ICH MEINE EINSCHRÄNKUNGEN MIT WÜRDE TRAGEN.

Wiederholen Sie diesen Satz laut oder leise. Sie können den Satz auch in Ihren Worten sprechen.

Fühlen Sie Ihren Atem.

Beobachten Sie, wie sich Ihr Körper anfühlt. Wo im Körper fühlen Sie diese Wünsche – der Wunsch nach Sicherheit und Schutz, nach Gesundheit, nach Glück und Leichtigkeit?

Kehren Sie dann langsam zurück! Nehmen Sie einen tiefen Atemzug und öffnen Sie langsam die Augen.

Nadi Shodana (Wechselatmung)

Sie erinnern sich, als ich Ihnen erzählt habe, was das eigentliche Ziel von Yoga ist? Verbindung und Ausgleich zu schaffen zwischen der weiblichen und der männlichen Energie in uns, zwischen Ruhe und Aktivität (siehe S. 11 f.).

Die Atemübung Nadi Shodana schafft Ausgleich zwischen unserer linken und rechten Gehirnhälfte.

Indem wir gezielt nur durch ein Nasenloch atmen, nehmen wir Einfluss auf unsere Gehirnaktivität und stellen Balance her. Unsere Gehirnaktivität wird ständig hin und her geschaltet, dies fördert die Kommunikation unserer Gehirnhälften, das ist ein wichtiger Aspekt, um die rechte Gehirnhälfte (diese steuert unsere Emotionen, Kreativität, Intuition) und die linke Gehirnhälfte (diese steuert unser logisch-strukturelles Denken, Vernunft) in Balance zu bringen.

Die Wechselatmung wirkt sich positiv auf unser vegetatives Nervensystem aus.

> • *Ida (Energiekanal)* ist der linken Seite, dem linken Nasengang und dem Mond zugeordnet. Ida steht für weibliche Qualitäten in uns (Ruhe, Passivität, Weichheit, empfangende Haltung …).
> • *Pingala (Energiekanal)* ist der rechten Seite, dem rechten Nasengang und der Sonne zugeordnet. Pingala steht für männliche Qualitäten in uns (Aktivität, Feuer, Kraft, Bewegung …).

Um die Wechselatmung durchzuführen, öffnen Sie die rechte Hand und legen Sie die Zeige- und Mittelfinger in die Handfläche zurück. Der Daumen

wird benutzt, um das rechte Nasenloch zuzuhalten, Ringfinger und kleiner Finger verschließen das linke Nasenloch.

Die Nasenflügel werden mit den Fingerkuppen verschlossen. Die linke Hand liegt auf dem Knie, die Finger in der Chin Mudra, Daumen und Zeigefinger berühren sich, die Handfläche ist nach unten gedreht.

Anleitung:

Nehmen Sie einen angenehmen, entspannten Sitz ein. Schließen Sie die Augen und beginnen Sie:

- Atmen Sie langsam und vollständig durch beide Nasenlöcher ein und aus. (2- bis 3-mal)
- Verschließen Sie dann das rechte Nasenloch und atmen Sie zuerst durch das linke Nasenloch langsam ein.
- Am Schluss der Einatmung schließen Sie beide Nasenlöcher und halten Sie ein oder zwei Sekunden – nicht länger – den Atem an.
- Verschließen Sie nun das linke Nasenloch und atmen Sie durch das rechte Nasenloch vollständig leise und langsam aus.
- Atmen Sie durch das rechte Nasenloch ein.
- Verschließen Sie nun wieder beide Nasenlöcher, halten Sie den Atem für ein oder zwei Sekunden und öffnen Sie dann das linke Nasenloch und atmen Sie vollständig aus. Atmen Sie wieder durch das linke Nasenloch ein usw.

Praktizieren Sie die Wechselatmung drei bis fünfzehn Minuten.

Der Rhythmus ist:
– links ausatmen, links einatmen
– rechts ausatmen, rechts einatmen
– links ausatmen, links einatmen
– usw.

Verwendete Literatur

Bardel, Garlone (2018): Das Yoga Kochbuch, Grundlagen, Übungen & 108 Rezepte, atVerlag, Aarau-München.

Baumgartner, Helga (2016): Yin Yoga, Achtsames Üben für innere Ruhe und Entspannung, BLV, München.

Bennett, Bija (2002): Emotional Yoga – How the Body can heal the mind, Fireside, New York.

Borghardt, Tillmann & Erhardt, Wolfgang (2016): Buddhistische Psychologie, Arkana, München.

Freund, Lisa & Trökes, Anna (2013): Die magische Kraft der Mantras, Gräfe & Unzer, München.

Iyengar, B.K.S. (2010): Licht auf Yoga, Das grundlegende Lehrbuch des Hatha Yoga, Barth, München.

Kaminoff, Leslie (2010): Yoga Anatomie. Ihr Begleiter durch die Asanas. Bewegungen und Atemtechniken, 6. Aufl., riva Verlag, München.

Kornfield, Jack (2008): Das weiße Herz, Die universellen Prinzipien buddhistischer Psychologie, 3. Aufl., Arkana, München.

Skuban, Ralph (2017): Pranayama. Die heilsame Kraft des Atems, Aquamarin, Grafing.

Stahl, Stefanie (2015): Das Kind in dir muss Heimat finden, 2. Aufl., Kailash, München.

Trökes, Anna (2019): Das große Buch vom Yoga, Gräfe & Unzer, München.

Wolf, Christiane & Serpa, Greg (2016): Die Kunst Achtsamkeit zu lehren, Arbor, Freiburg.

Einige Zitate, Aussagen und Hintergrundinformationen in diesem Buch stammen aus meinen Aufzeichnungen und Skripten zu meinen Aus- und Weiterbildungen sowie Workshops von meinen Lehrerinnen Christine May, Erica Jago, Ellena Brower, Simone Klatt u. a.

Bezugsquellen

• **Yogamatten**
https://www.jadeyoga.eu/jade-yoga-matten/
https://www.yogamatte-online.de/marken/manduka/

• **Yogablöcke**
https://www.yogisan-shop.com/yogablock-kork
https://www.kork-deko.de/yoga-block-kork-2er-set/

• **Meditationskissen**
https://www.yogamatte-online.de/meditationskissen/

• **Yogabolster**
https://bodhiyoga.eu/yoga-zubehor/yogabolster/basic-yoga-bolster-rund-bordeaux-
    60-x-23-cm
https://bodynova.de/yoga-equipment/yoga-bolster/
https://www.yogabolster.de/

• **Yogazubehör**
https://www.asanayoga.de/yoga-zubehoer/

• **Mantras**
Snatam Kaur, *Mantras for Divine Grace*
Snatam Kaur, *Beloved*
Snatam Kaur, Source of Strengh, *Meditations for Transformation*
Deva Premal & Miten, *Songs for The Sangha*
Deva Premal & Miten, *Mantra. Unsere Botschaft der Liebe, arkana*
Edo & Jo, Kirtan, *Alive*
Deva Premal, *The Essence, Gayatri Mantra*

• **Playlist**
spotify:playlist:0OhTBgd8pRaFDlR4E426ty
spotify:playlist:74dmnnrLoHlQhSisksZ43W

• **Schreibimpulse**
Elena Brower und Erica Jago, Die Kunst der Aufmerksamkeit, Kartenset
Daniela Ronke, Journaling Kartenset https://danielaronke.de/schreibreise/

Katharina Bralo-Zeitler ist selbstständige Yoga- und Meditationslehrerin sowie Dozentin und Coach. Ihre Vision ist, dass sich Menschen wohl(er), lebendig(er) und echt(er) fühlen in ihrem Körper, mit ihren Gedanken und in ihrem Leben. Sie glaubt daran, dass die Zeit, die man mit sich verbringt, ein Geschenk an die Welt da draußen ist und dass die ehrliche Auseinandersetzung mit sich selbst immer Wachstum bedeutet.

Sie bietet Yoga- und Meditationsklassen, Retreats, Weiterbildungen und Coachings an. Sie plant zu diesem Buch eine erste Weiterbildung in 2021 anzubieten.

Mehr zu Katharina Bralo-Zeitler und ihrer Arbeit finden Sie unter www.katharinabralo.com